W0219488

Runterschalten!

Selbstbestimmt arbeiten, gelassener leben

Wiebke Sponagel

Haufe Mediengruppe
Freiburg · Berlin · München

Bibliografische Information der Deutschen Nationalbibliothek

Die Deutsche Nationalbibliothek verzeichnet diese Publikation in der Deutschen Nationalbibliografie; detaillierte bibliografische Daten sind im Internet über http://www.d-nb.de abrufbar.

ISBN: 978-3-648-01288-8 Bestell-Nr. 00293-0001

1. Auflage 2011

© 2011, Haufe-Lexware GmbH & Co. KG, Munzinger Straße 9, 79111 Freiburg
Redaktionsanschrift: Fraunhoferstraße 5, 82152 Planegg/München
Telefon: (089) 895 17-0
Telefax: (089) 895 17-290
www.haufe.de
online@haufe.de
Produktmanagement: Dr. Leyla Sedghi
Lektorat: Caroline Colsman

Alle Rechte, auch die des auszugsweisen Nachdrucks, der fotomechanischen Wiedergabe (einschließlich Mikrokopie) sowie die Auswertung durch Datenbanken, vorbehalten.

Desktop-Publishing: Agentur: Satz & Zeichen, Karin Lochmann, 83071 Stephanskirchen
Umschlag: Atelier Seidel, 84576 Teising
Druck: Schätzl Druck, 86609 Donauwörth

Zur Herstellung dieses Buches wurde alterungsbeständiges Papier verwendet.

3 Antworten, die das Buch gibt

1 *Runterschalten und Aussteigen sind doch dasselbe, oder?*

In den zehn Jahren, in denen ich mittlerweile auch zu diesem Thema berate, hat kein einziger meiner Klienten auf „null" runtergeschaltet. Es gab nicht eine Karriere „vom Top-Manager zum Hängematten-Privatier." Alle Menschen, die ich beim Runterschalten begleitet habe, leisten nach wie vor einen wichtigen gesellschaftlichen Beitrag. Sie arbeiten, selbstständig oder angestellt, nur zufriedener als vorher. Manche haben auch wieder „hochgeschaltet", sie haben ihr Arbeitspensum wieder gesteigert. (siehe Kapitel „Auf zu neuen Ufern!")

2 *Geht es beim Runterschalten hauptsächlich um Stressminderung?*

Mehr Gelassenheit und weniger Stress sind nur ein willkommener Nebeneffekt des Runterschaltens. Wenn Sie Ihr Innen und Außen in Einklang bringen, werden Sie weniger Stress erleben, ganz automatisch. Das Hauptprodukt des Runterschaltens ist Sinn. Auf einmal ist es wieder sinnvoll, was Sie tun, und Sie stehen morgens wieder gern auf. Das ist etwas so Individuelles und Wertvolles, dass jeder eine andere Antwort darauf hat. Selbstkenntnis ist ein Schlüssel dazu. (siehe Kapitel „Welche Ausrüstung haben Sie an Bord?")

3 *Kann jede/r runterschalten?*

Das hängt davon ab, wie weit Sie damit gehen wollen, und wie schiffbruchkompetent Sie sind. Wollen Sie die Belastung in Ihrem angestammten Job reduzieren oder wollen Sie ganz neue Wege gehen? Beides kann innerhalb der jeweiligen Gegebenheiten möglich sein. Wer schon schiffbruchkompetent ist, weiß, was geht und was nicht. Am wichtigsten ist es, sich erreichbare Ziele zu setzen – und das kann im Prinzip wirklich jede/r. (siehe Kapitel „Elementar: Schiffbruch-Kompetenz")

Inhalt

Auf zu neuen Ufern!

Sie wollen etwas ändern in Ihrem Leben? Sie sehnen sich nach anderen beruflichen Inhalten, aber nicht nur das: Sie wünschen sich auch, mehr Zeit für sich zu haben, weniger unter Stress zu stehen, eine sinnvollere Arbeit zu haben?

Dann geht es Ihnen wie vielen meiner Coaching-Klienten: Sie wollen runterschalten! Sie wollen neue, für Sie passende berufliche Ziele finden. Bei diesem Vorhaben möchte ich Sie mit diesem Buch unterstützen.

Wie ich das mache, erstaunt Sie vielleicht. Ich suche in unterschiedlichsten Tonlagen den Dialog mit Ihnen - mal ironisch, mal schnoddrig, mal ernst. So hoffe ich, Sie immer wieder neu zu motivieren. Denn in Bewegung bleiben, das ist eine der Kernbotschaften dieses Buchs.

Ähnlich wie bei einem Coaching betrachten wir zunächst den „Ist-Zustand", in den Ihr Leben vermutlich eingebettet ist, also das „Leben und Arbeiten in Echtzeit". Dann frage ich Sie, wie Sie für das Runterschalten gerüstet sind. Dazu stelle ich Ihnen zwei Fähigkeiten vor, die Sie für eine Kursänderung in Ihrem Leben gut gebrauchen können: Steuern und Driften, zwei elementare Selbststeuerungskräfte. Auch andere Begriffe haben Sie vielleicht im Zusammenhang mit dem Runterschalten noch nie gehört: Schiffbruch? Sinnfrage? Abwettern?

Ungewohnte Ausdrücke möglicherweise, aber vertraute Inhalte, die Sie für Ihr Projekt gut brauchen können. Danach geht es individuell weiter: Wer sind Sie, was können Sie, was brauchen Sie, was wollen Sie? Das sind die Leitfragen für Ihr ganz persönliches Runterschalt-Programm. Dazu biete ich Ihnen Übungen und Reflektionen an. Nicht immer liefere ich Ihnen dazu auch eine „Auflösung" nach dem Motto „Sie sind ein Blauer, Grüner oder Gelber". Ziel ist es nämlich, dass Sie nach einer vermutlich langen Phase der Fremdsteuerung wieder selbst das Ruder Ihres Lebensschiffs übernehmen, selbst denken und selbst fühlen, was gut für Sie ist.

Nicht aussteigen, sondern runterschalten!

Was Sie dann noch brauchen, ist eine gewisse Abgebrühtheit gegenüber dummen und „gut gemeinten" Kommentaren. Sie glauben gar nicht, wie viel Unsinn übers Runterschalten im Umlauf ist. Zum Beispiel eine Frage wie: „Sag mal, hast Du ein Luxusproblem, dass Du Dich in Zeiten wie diesen mit dem Runterschalten beschäftigst?"

Mit „Zeiten wie diesen" sind Krisenzeiten gemeint. Viele meinen, da sei es angebracht, die Ärmel aufzukrempeln und „mit anzupacken". Mit anderen Worten: Noch mal eine Art deutsches Wirtschafswunder aufbauen, statt zu kneifen und „auszusteigen".

Runterschalten bedeutet jedoch keineswegs aussteigen. Das ist nur einer von mehreren Irrtümern, die mit dem Stichwort „runterschalten" offenbar verbunden werden:

Irrtum Nr. 1: Runterschalten ist ein Ausstieg aus der Arbeitswelt.
In den zehn Jahren, in denen ich mittlerweile auch zu diesem Thema berate, hat kein einziger meiner Klienten auf „null" runtergeschaltet. Es gab nicht eine Karriere „vom Top-Manager zum Hängematten-Privatier." Alle Menschen, die ich beim Runterschalten begleitet habe, leisten nach wie vor einen wichtigen gesellschaftlichen Beitrag. Sie arbeiten, selbstständig oder angestellt, nur zufriedener als vorher. Manche haben auch wieder „hochgeschaltet", sie haben ihr Arbeitspensum wieder gesteigert.

Irrtum Nr. 2: Runterschalten hat mit „Kneifen" oder „Leistungsverweigerung" zu tun.
Wenn Sie dieses Buch gelesen haben, werden Sie sehen, dass das Gegenteil richtig ist: Dieser Weg erfordert nämlich allerhand Aufwand, Mut und Selbstkenntnis. Das ist kein Spaziergang, da steckt viel Arbeit drin. Wer erfolgreich runtergeschaltet hat auf Ziele, die zu ihm passen, hat einiges geleistet. Das verdient Anerkennung, vielleicht sogar mehr, als blind irgendwelchen ausgetretenen Karrierepfaden zu folgen.

Irrtum Nr. 3: Runterschalten könnten nur die „oberen Zehntausend."

Eben weil Runterschalten kein Ausstieg aus der Arbeitswelt ist, und weil es unendlich viele individuelle Lösungen dafür gibt, kann jeder runterschalten – sicher auch mit Einschränkungen, aber die gilt es im Einzelfall abzuwägen.

Irrtum Nr. 4: In Krisenzeiten kann man sich Runterschalten gesellschaftlich einfach nicht leisten. Schließlich werden viele Menschen „zwangsruntergeschaltet", also entlassen.

Stimmt – aber genau diese Menschen brauchen eine Perspektive und die Gewissheit, dass eine Entlassung nicht das Ende ist. Gerade sie müssen vielleicht – und sei es nur für eine beschränkte Zeit – lernen, aus weniger mehr zu machen. Sie müssen sich neu orientieren – und exakt das ist gemeint, wenn wir hier von Runterschalten reden: eine berufliche Neuorientierung, basierend auf den eigenen Ansprüchen. Die Entwicklung von eigenen Zielen, ohne die vorgegebenen „Musts" kollektiver Lebensentwürfe.

Beim Runterschalten geht es um die Konzentration auf das Wesentliche für jeden Einzelnen. Die Kernfrage lautet dabei: Was ist wichtig in meinem Leben?

Diese Frage betrifft jeden Berufstätigen, nicht nur diejenigen, die mit einem Jobverlust zu tun haben. Für die in Anstellung verbleibenden Berufstätigen gilt: Der Druck, mit weniger Personal mehr zu leisten, wird vermutlich noch steigen. Der Wunsch, runterzuschalten, wird also eher zunehmen. Schon heute hat jeder dritte Deutsche darüber nachgedacht, einen anderen Job anzunehmen, der weniger Geld, aber mehr Lebensqualität bietet.

Dieses Buch macht Ihnen Mut, nicht nur darüber nachzudenken, sondern Ihr Vorhaben auch umzusetzen. Finden Sie heraus, worauf es Ihnen im Leben ankommt, und setzen Sie sich neue, eigene Ziele. Die Suche danach braucht Zeit, mehr Zeit, als dieses Buch zu lesen. Runterschalten heißt vieles zu tun, um nachher mit weniger auszukommen. Es heißt auch, mehr mit sich und der Umwelt im Einklang zu sein. Oder ganz einfach, den eigenen Weg zu finden.

Vor dem Runterschalten: Leben und Arbeiten in Echtzeit

Wie sieht die Welt aus, die den Wunsch, runter zu schalten, hervorbringt? Die folgenden Kapitel geben Ihnen Einblicke in das Leben und Arbeiten in Echtzeit. Denn beides hat die Echtzeit im Griff: Unser Privatleben und unser Arbeitsleben.

Leben im Sekundentakt

Was, meinen Sie, ist Echtzeit? Die Zeit, die Sie brauchen, um das hier zu lesen? Irrtum. Echtzeit ist viel schneller, schneller noch als ein Mausklick. Ein großer Teil der heutigen Finanzgeschäfte wird in dieser Maßeinheit abgewickelt, die ein Mensch gar nicht wahrnehmen kann. Simultan und im Millisekundentakt kommen in New York, London und Hongkong Zehntausende von Nachrichten an. Echtzeit ist unsichtbar, unfassbar, eine Erfindung, um die echte Zeit auszublenden.

Und wenn wir schon mal darüber nachdenken, was ist echte Zeit? Bis in die Neuzeit kannten die Menschen nur die so genannte Ereigniszeit, bei der Dauer aktionsabhängig erfahren wurde – zu kochen dauerte eben so lange, bis das Essen fertig war. Dann kam die Messung mit der Uhr, die es ermöglichte, die Tätigkeiten vieler Menschen zu koordinieren und zu synchronisieren: Die Industrialisierung brachte mit der Käuflichkeit einer Arbeitsstunde eine Einheit, die den Lebenstakt neu strukturierte. Der Gegenwartsmensch pendelt zwischen gefühlter Echtzeit und uhrzeitgesteuertem Handeln hin und her. Er sagt mit Blick auf die Uhr „Du, ich muss jetzt..." und hetzt weiter. Was, fragen wir doch mal ganz arglos, muss er denn, außer der Uhr gehorchen?

Wie spät ist es bei Ihnen gerade? Haben Sie Zeit für einen Ausflug in die Echtzeitwelt, um das herauszufinden? Lassen Sie uns mal schauen, wie die Menschen da ticken.

Der Weg in die Echtzeitwelt begann mit einer 200-köpfigen Brieftauben-Staffel. Julius Reuter etablierte im Jahr 1850 zwischen Aachen und Brüssel ihren Luftpost-Dienst, um Börsennachrichten aus Paris schneller nach Deutschland zu befördern.

Inzwischen hat ein Tag der Nachrichtenbroker nicht mehr 24 Stunden, sondern unglaublich viele Millisekunden. In diesem Rhythmus sausen unzählbar viele Informationen um den Globus, bei der Nachrichtenagentur Reuters momentan etwa acht Millionen Wörter in 18 Sprachen am Tag. Nur wenn mal eine Wirtschaftskrise ungeahnten Ausmaßes die Bankentürme und Märkte der Welt erschüttert, haben die Echtzeit-Makler, für einen Moment jedenfalls, ihre Währung verloren.

Schneller leben, mehr erleben, das ist der Lebensstil der Gegenwart. Alles passiert simultan. Alles geht schneller, und die Informationsmedien unterstützen die Botschaft, egal ob es um das Schmelzen der Polkappen geht oder um die so genannten Paradigmenwechsel. Ideen und Wirtschaftskonzepte kollabieren wie die Twin Towers. Der Moment des Zusammenbruchs bleibt als Standfoto in unseren Gehirnen, der unvermittelt einsetzende Irrsinn ist allgegenwärtig. Eben noch war der grenzenlose, globalisierte „Turbo-Kapitalismus" sexy, da kommt die globale Finanzkrise und plötzlich ruft man wieder nach staatlicher Fürsorge. Das Selbst als Aktie, die so genannte Ich-AG scheint, gerade ein paar Jahre alt, ausgezählt, es lebe die Familie. Nachhaltigkeit wird gefordert, dabei hatten wir uns gerade an die Ex-und-hopp-Mentalität gewöhnt.

Versteht den permanenten Wechsel überhaupt noch jemand? Oder sind wir alle inzwischen zu einer Schar achselzuckender Einzelgänger geworden, die die gesellschaftliche Entwicklung im Fernsehen als „Infotainment" konsumiert, aber nicht mehr mitträgt? Ist das „gelebter" Wandel oder vielmehr medial vermittelter Wandel, der große Teile der Bevölkerung zu teilnahmslosen Zaungästen macht? Oder beides?

Sicher ist jedenfalls, dass nichts sicher ist. Weder die Renten, noch familiäre oder private Beziehungen, noch der Arbeitsplatz, auch nicht die Religion. Die klassischen Orientierungsgeber sind abhanden gekommen, der moderne Mensch befindet sich auf Dauersuche, nicht nach dem heiligen Gral, sondern nach individueller Erfüllung.

Und damit sind wir bei unserem Thema, denn genau darum geht es beim Runterschalten: Wissen, was man will und es tun. Selbstbestimmt leben und arbeiten, eigene Ziele ansteuern. Der Schlüssel dazu ist eine eigene Urteilskraft. Genau damit kann es unter Echtzeitbedingungen jedoch hapern: Zum Sich-selbst-Kennen scheint kaum Zeit zu sein, und überdies gibt es so viele Schablonen-Leben, denen wir nacheifern können ... wozu dann noch etwas Eignes machen?

Schatzsuche – mit Effizienz zum Traumpartner

Der Mensch des 21. Jahrhunderts ist flexibel. Er hält sich dort auf, wo seine Arbeit ist, die Arbeit hat oberste Priorität. Erst an zweiter Stelle kommt die Beziehungsebene – meistens finden die modernen Hightech-Nomaden ihre Partner bei der Arbeit oder im Internet. Du wohnst in Berlin, ich in München, macht nichts. „Living apart forever“ lautet das Motto, das gegenwärtige Beziehungsmuster be- und vorschreibt. Wir sind mobil, wir jetten hin und her, Du hast Deine Wohnung, ich hab meine. Die Kosten dafür tragen wir gern, denn so sichern wir unsere „individuelle Autonomie“, wie laut Bundesfamilienministerium 86 Prozent der Beziehungspendler sagen. Wir sind ja allzeit verbunden, über die technologische Nabelschnur Email, SMS und Mobiltelefon. Liebesbriefe? In welchem Jahrhundert lebst Du denn? „Bin gleich da, Schatz“ säuseln und simsen tausende Reisende täglich übers Handy. Ein digitaler Liebesheld ist absolut einzigartig, ein Schatz eben.

Die Schatz-Suche ist allerdings harte Arbeit, aber was sein muss, muss sein. Wir suchen nicht nur den Traumjob, sondern auch den Traumpartner. Erst der komplettiert unseren Wert. Die Liebe des Lebens muss her, und ein ganzer Dienstleistungsmarkt hat sich auf die vermutete Not der Singles spezialisiert. Die Nachfrage nach Unterstützung in jeglicher Form ist groß, der Fachbuchmarkt antwortet darauf mit Titeln wie „Flirtprofi meistert alle fünf Stufen“, die da lauten: Kennen lernen, Verabreden, Wieder-Verabreden, erster Kuss, Sex. Ein Leistungskurs mit zunehmendem Schwierigkeitsgrad und wachsender Gratifikation, einfach zu lesen und nachzukochen.

Speed-Dating für einsame Herzen

Für unsere Schatzsucher muss so ein Rezeptkurs vor allem eins: schnell gehen und zum Ziel führen. Wer will schon Zeit verlieren mit ineffizienten Erfahrungen. Auch Partneragenturen haben diesen Markt erschlossen, „Speed-Dating“ heißt die Losung. Wie in einem Bewerbungsverfahren wird ein Profil vom Wunschpartner erstellt, die Agentur trifft eine Vorauswahl. Gottesfügung oder Schicksalsmacht der

Liebe? Haken Sie's ab. Hier haben alle eine Ausstechform für ihr Traumpartnerplätzchen. Ein Saal einsamer Herzen „mit vorhersagbar hoher Trefferquote“ trifft sich gleichzeitig, man hat fünf bis sieben Minuten „Zeit zum Kennen lernen“. Ein Glöckchen beendet das tête-à-tête. Bei Gefallen gibt's eine Verabredung, bei Nicht-Gefallen allerdings keine Geld-Zurück-Garantie. Die Stationen der Liebe werden auf Echtzeitintervalle verkürzt. Sparen wir uns das, wichtig ist, was nachher kommt: echte Gefühle, vielleicht. Bei Flirtportalen im Internet kann man sich sogar die erste Phase, den Flirt in seiner analogen Form ersparen. Geflirtet wird digital, und wieder fällt ein unerwünschter Nebeneffekt des Kennenlernens weg: Rot zu werden, rumzustottern, doof zu grinsen – im Netz sind wir alle Supermänner- und Frauen, einander nah, aber nicht greifbar. Sofortvertrauen ersetzt wachsende Strukturen.

Kochen statt Sex

Wie geht die Geschichte unserer Schatzsucher weiter, nachdem sie sich dem Schnell-Auslese-Prozess gestellt haben? Richtig, jetzt ist Stufe fünf dran, der Sex. Viel zu viele Menschen haben übrigens zu wenig Sex, wenn man Studien glauben darf. Unsere Schatzsucher erleben vielleicht eine heiße erste Phase, aber dann kommt der Alltag. Und da setzt ein, wovon mir meine Klienten regelmäßig berichten: der Berufsstress, der sie bis nach Hause begleitet. Jetzt nicht, Schatz, ich muss noch eine Präsentation für morgen durcharbeiten. „Bei uns läuft nichts mehr“, sagte mir ein Klient Anfang 30, der gerade drei Jahre verheiratet war. Er konnte sich an sein „letztes Mal“ schon gar nicht mehr erinnern. Bestenfalls kochen er und seine Frau zusammen. Jetzt wissen Sie, warum im Fernsehen Kochsendungen Hochkonjunktur haben. Kochen als Ersatzbefriedigung, die fast alle Sinne anspricht, Schlemmen als orgiastische Freude – aber bringt‘s das wirklich?

Zurück in die Gegenwart in Echtzeit. Da kommt Sex auf Plakaten und allen sonstigen Informationskanälen vor, aber eben kaum in unserem Leben. Schauen wir doch mal: Wie sieht der Alltag unserer beiden nun fest liierten Glücksritter aus?

Ohne Worte: Beziehungen im Energiespar-Modus

Glaubt man dem, was Paarberater Michael Lukas Moeller in seinem Buch „Wie die Liebe anfängt“ berichtet, stellt sich in vielen Paarbeziehungen ein routiniertes „Nebeneinanderher“ ein. Das Leistungsprinzip, sagt er, dominiert das Lebendigkeitsprinzip, fördert die sachliche Kürze und führt dazu, das eigene Leben als „Nebenkosten“ zu verbuchen. Stummes Nebeneinander spart aber auch Reibereien. Wenig sprechen, vor allem nicht von sich, ist eine Schutzwand gegen weitere energiezehrende Gereiztheiten.

Hatte man vorher bei der Partnersuche Zeit „gespart“, geht es jetzt ums Energiesparen. Schatz und Schatz beschließen das freilich nicht, sie lassen es geschehen. Sie tun das nicht aus Lieblosigkeit, sondern, vermutet Moeller, weil sie nie lernten, wie es anders geht. Und er meint, die meisten Paare beachteten ihr Beziehungsleben weniger als ihre Topfpflanzen oder Autos. Eine Unterlassung, die zu Beziehungslosigkeit in der Beziehung führe. Dieses hausgemachte Elend nennt Moeller „desinteressierte Selbstvernachlässigung“. Ein Paarberater muss das ja so sehen, sagen Sie, zu dem gehen eh nur die, die nicht klar kommen? Jede dritte Ehe wird übrigens geschieden. Und was hat das mit dem Echtzeit-Thema zu tun?

Allerhand. Wir sehen Individuen, die bis in die letzten Räume ihrer Privatheit mit einem Umfeld interagieren, dessen Hauptinhalt „Schnelligkeit“ ist. Schnelligkeit geht eher mit Breite als mit Tiefe einher, das ist bekannt. Wir verfügen also über unglaublich viele Informationen, über Auswahl. Aber die Spielregeln, diese Informationen zu interpretieren und die jeweils richtige auszuwählen, sind irgendwo auf der Strecke geblieben. Was ist für mich wichtig, was nicht? Unsere beiden Schatzis haben keine Ahnung, was sie durch eine andere, aufeinander bezogene Haltung gewinnen könnten. Selbst wenn sie sich mehr Zeit nehmen würden, wüssten sie nicht so recht, worüber sie reden sollten. Sie haben ihren Partner aktiv und zielstrebig ausgewählt, jedoch kaum nach eigenen, sondern überwiegend nach Klischeevorstellungen aus einem kollektiven Traumprinzen-Katalog. Was für die meisten gut ist, wird für mich schon richtig sein. Die Lebensstation „Paar“ ist also erreicht. Was nun?

Als nächste Stufe im kollektiven, multimedial vermittelten Lebensbauplan lauert jetzt das Familienglück. Der TV-Werbeblock für diese Zielgruppe bringt nicht mehr Sekt und Dessous, sondern Grippemittel, Süßigkeiten und Versicherungen. Familienglück im Alltagstest, sozusagen. Eine amerikanische Studie mit dem Titel „Keine Zeit" berichtet darüber, wie das im Land der Effizienz-Erfinder aussieht. Wenn Sie Ihre Nerven schonen möchten, lesen Sie dieses Buch nicht. Es ist unterhaltsam und spannend, aber zuviel darin wird Ihnen erschreckend vertraut vorkommen.

Familienleben nach Termin

Effizienzprinzipien werden auf das Familienleben angewandt, der Alltag ist durchorganisiert, minutengenau. Zeitsparen ist eine Tugend, zuhause wie bei der Arbeit. Zahlreiche Tätigkeiten, die früher zu Hause erledigt wurden, finden nun dank häuslichem „Outsourcing" außer Haus statt. Mittelklasse-Kinder haben außer Haus Klavierstunden, psychologische Beratung, Nachhilfeunterricht, Spiel und Unterhaltung und selbst Mahlzeiten. Die Familienzeit wird entsprechend der Zeit, die für die ausgelagerte Dienstleistung angesetzt ist, in kleine Stückchen zerhackt. Die dann noch übrig bleibende Zeit wirkt am Ende wie ein Pausenfüller zwischen zwei Terminen. Manchmal wird dieser leere Raum mit Fernsehen gefüllt, das dann durch Werbung weiteren Dienstleistungsbedarf weckt.

So weit, so bekannt. Was die Autorin Russel-Hochschild aber dann schildert, wird vielen von uns neu sein. Viele Familien in der von ihr untersuchten Firma kämpften gegen das Gefühl, die Zeit arbeite gegen sie, indem sie diese in „Quality Time" und „Quantity Time" einteilen. Quantity Time befasst sich mit Dingen, die, falls noch nicht ausgelagert, nötig sind, um den Familienbetrieb funktional am Laufen zu halten: Einkaufen, Putzen, Kochen usw. Quality Time dagegen wird behandelt wie ein Termin im Büro, sie dient der Beziehungspflege. Von 19.30 Uhr bis 20.30 Uhr ist Quality Time, das heißt, dann wird zusammen gespielt oder erzählt oder eine Gute-Nacht-Geschichte vorgelesen.

Was geht da vor sich? Familienbindungen werden neu geeicht, um schneller eine höhere Produktivität für den Emotionstransfer zu erzielen. Um das zu verstehen, springen wir mal eben ins Jahr 1899. Damals machte ein Ingenieur namens Frederick W. Taylor in der Bethlehem Steel Company folgenschwere Beobachtungen: Er sah einem aus Holland stammenden Arbeiter namens Schmid dabei zu, wie er zwölfeinhalb Tonnen Roheisen schaufelte.

Am Ende seiner Analysen brachte er Schmid bei, in derselben Zeit, die er sonst für zwölfeinhalb Tonnen brauchte, 47 Tonnen zu schaufeln. Wir wissen nicht, wie lange Schmid das überlebt hat, aber das Prinzip kennen wir: Effizienz.

Die Taylorisierung hat uns das effektive Leben in Echtzeit gebracht. Doch nicht nur in den USA ist sie längst auch in den Privathaushalten angekommen. Im Idealfall leisten Eltern zusätzliche Arbeit, nämlich emotionale Arbeit, um den Schaden, den der Zeitdruck zuhause anrichtet, wieder gut zu machen. Nur hat das Ganze einen Haken: Wenn sich Mitarbeiter gegen die Beschleunigung ihrer Arbeitsvorgänge wehren, kann der Arbeitgeber ihnen möglicherweise kündigen. Bei Kindern geht das nicht. Sie quengeln und trödeln, das Effizienzprinzip hat sie noch nicht im Sack. Sie sind ja in jenem Lebensabschnitt, den wir Erwachsene uns gern als verlorenes Paradies denken – weil da die Zeit anders, nämlich langsamer vergeht.

Das Paradies zerbröckelt stückweise und Eltern tragen dazu bei. Russel-Hochschild nennt diesen Vorgang „emotionale Drecksarbeit", denn er bedeutet, Kinder an ein taylorisiertes Zuhause anzupassen, sie zu zwingen und zu drängen. Eltern sprechen immer häufiger von der Zeit, als wäre sie eine bedrohte Form von persönlichem Kapital, das sie managen und investieren müssen, ein Kapital, dessen Wert aufgrund von Kräften, die sich ihrer Kontrolle entziehen, zu steigen und zu fallen scheint. Aber, stellt die Autorin fest, es gibt auch eine alternative Sichtweise.

Demnach ist Zeit für Beziehungen eine Art Dach über dem Kopf für uns: kein Kapital, das man investieren muss, sondern ein Haus, in dem man lebt. Menschen sind nicht Zeitkapitalisten, sondern Zeitarchitekten, die ihre Zeit strukturieren, um ihre Beziehungen zu schützen. Wenn diese Sicht der Dinge in Ihnen eine Saite zum Klingen bringt – prima! Dann geben Sie sich auf der nach oben offenen Skala der Menschen mit Wunsch zum Runterschalten schon mal zehn Punkte. Und lesen Sie weiter, dann kann daraus mehr werden als nur ein Wunsch...

Freizeit ohne freie Zeit

„Wir sind unsere eigenen Zeitarchitekten“, klingt das nicht zu paradiesisch, um wahr zu sein? Denn um das Kapital Zeit aktiv und beziehungsunterstützend zu gestalten, muss der Echtzeitmensch mittlerweile eins haben: Kapital. Benjamin Franklins Satz „Zeit ist Geld“ ist auf erschreckende Weise wahr geworden. Selbst verwaltete Zeit ist gegenüber fremdverwalteter Arbeitszeit höchst kostbar geworden. Es kostet einen erheblichen Aufwand an Planung und finanziellen Mitteln, sie zu bekommen. Urlaube sind „Quality Time“, für die wir das Geld investieren, das wir in der fremdverwalteten Zeit verdienen. In dieser teuer erkauften Zeit erholen wir uns vom „Hamsterrad“, laden die „Batterien“ wieder auf, die dann im Alltag erwartungsgemäß wieder geleert werden. Wir haben uns in der Zeitfalle eingerichtet – die Bedingungen, die sie hervorrufen, können wir nicht mehr ändern, auch wenn das die Herren und Damen Zeitmanager gern behaupten. Die gehen nämlich von der Illusion aus, jeder könne souverän über seine Zeit innerhalb des hochvernetzten gesellschaftlichen Systems bestimmen. Arbeiten, Leben und Lieben, wie und wann es Biorhythmus und Lust gerade gut heißen - wer kann das schon?

Das Wort „Freizeit“ stimmt nicht mehr, haben wir gesehen. Bis in die letzten Rückzugsräume ist unser Leben durchgetaktet, frei und selbst bestimmte Zeit scheint es kaum mehr zu geben.

Echter Wohlstand ist also immer auch Zeitwohlstand. Den haben wir dann, wenn wir verfügbare Zeit haben, über die nicht verfügt wird. Zeitwohlstand ist gerade die Zeit der Ineffizienz, die Zeit, die nicht auf den Nutzen achtet.

Allerdings ist „nutzlose Zeit“ auch die Art von Zeit, mit der ein moderner Echtzeitmensch so gar nichts anzufangen weiß. Er ist aufs Zeitsparen getrimmt, gegenüber Zeitgewinn oder gar Zeitüberfluss ist er ratlos. Moderne Arbeitsbienen suchen gefüllte statt erfüllter Zeit. Selbst die „Freizeit“ von Schatz und Schatz muss Minute für Minute durchgeplant sein, ein „Event“ folgt dem nächsten. In Momenten des „Leerlaufs“ entsteht Langeweile. Dabei ist Langeweile nur die andere Seite der Hektik, die Leere nämlich, gerade nicht so rasch produzieren und konsumieren zu können, wie man es gewohnt ist.

Arbeiten: Augen zu und durch!

Vom „Leben und Arbeiten in Echtzeit“ haben wir jetzt eine Seite, nämlich das Leben eingehend betrachtet. Eigenständigkeit und Selbstverantwortlichkeit können keine Produkte dieses Lebensstils sein. Wo Tempo zur Norm wird, entstehen Norm-Leben und Norm-Karrieren.

Was ich hier Norm-Karriere nenne, steht stellvertretend für viele Berufswege, die nach ähnlichem Muster verlaufen und vom Einzelnen immer mehr Anpassung fordern. Sie müssen also nicht genau diesen Berufsweg absolviert haben, um irgendwann den Wunsch zu haben, runter zu schalten. Sie können auch ein selbstständiger Maschinenbauingenieur sein, Erzieher, Redakteur, Steuerberater, Pfleger ... alle empfinden den Druck, mehr und schneller zu arbeiten. Wer aber die Norm-Karriere durchläuft, hat irgendwann im Leben das Gefühl, ein vorgestanztes Leben zu leben, in dem etwas Wesentliches fehlt: Das Unverwechselbare, Eigene. Genau das wieder zu finden ist der Sinn des Runterschaltens.

Die Norm-Karriere

Lassen Sie uns so eine Norm-Karriere mal genauer unter die Lupe nehmen, um zu sehen, was sie uns bringt und was sie uns nimmt.

Phase eins: Die Herdentrieb-Entscheidung

Erinnern Sie sich mal einen Augenblick an die Zeit, als Sie sich für Ihren Berufsweg entschieden haben. Waren Sie ein Teenager, fünfzehn oder achtzehn, der genug hatte von der Schule, mit Pickeln im Gesicht und dem erstem Liebeskummer im Herzen? Oder strebten Sie schon damals Bestleistungen an? Oder haben Sie „mehrere Anläufe" genommen und verschiedene Ausbildungen angefangen? Wie auch immer, wahrscheinlich wussten Sie weder von sich selbst noch von der Arbeitswelt besonders viel, als Sie diese Weichen für Ihr Leben gestellt haben. Eine Klientin, nennen wir sie Andrea Birkner, beschreibt ihre Haltung damals: „Ich hatte eigentlich gar keine Ahnung, wo es hingehen soll." Manche entscheiden sich für einen Berufsweg, weil die Eltern dazu raten, manche entscheiden sich aus demselben Grund dagegen. Wie ihre Berufswahl zustande kam, schildert Andrea Birkner so: „Meine Mutter meinte, ich solle Bürokauffrau werden, die würde man immer brauchen. Ich wollte lieber Gärtnerin werden, mein damaliger Freund war Gärtner, und mit Erde und Pflanzen arbeiten, das machte mir Spaß. Mein Vater sagte, weder das eine noch das andere, dafür hat das Kind kein Abitur gemacht. Unser Nachbar hatte eine kleine Werbeagentur, er bot mir an, mich mal einen Tag lang bei ihm in der Agentur umzusehen. Ich habe dann Germanistik studiert und wurde Texterin. Aber immer noch schiele ich nach Gewächshäusern und Gärtnereien. Was wäre wohl passiert, wenn unser Nachbar Metzger gewesen wäre?"

Die Frage verdeutlicht ein Hauptmerkmal dieser Lebensphase: die unbegrenzten Möglichkeiten, viel versprechenden Optionen, berechtigten Hoffnungen. So viele Türen stehen offen, und ziemlich ahnungslos und eher zufällig geht man durch die nächstbeste. Ob die Berufswahl „richtig" ist, zeigt sich sowieso erst später. Die Frage ist ja auch, inwieweit so eine Entscheidung für ein ganzes Leben ausreicht – weiß ich mit achtzehn schon, was ich mit Mitte dreißig oder später brauche? Gibt es überhaupt die eine, beste Strategie oder müsste nicht von Anfang an Beweglichkeit das Ziel sein?

Vielen fällt erst nach einigen Jahren Berufstätigkeit auf, dass sie „irgendwie im falschen Film" sind, dass das, was sie tun, „eigentlich" gar nicht zu ihnen passt. Sie blicken zurück und fragen sich, was sie nicht geworden sind und was sie hätten sein können. Da haben sie sich aber meist schon einen Status erarbeitet, den sie ungern aufgeben wollen. Sie führen ein „Fassaden-Dasein", funktionieren also beruflich „irgendwie", aber die innere Unzufriedenheit treibt sie an, über kurz oder lang etwas zu ändern in ihrem Leben.

Da haben wir also schon einen Grund für den Wunsch, runterzuschalten: eine Herdentrieb-Entscheidung am Anfang des Berufswegs. Eine Weichenstellung, die einem ausgetretenen Weg in der Annahme folgt, was gut für die meisten ist, wird für mich schon richtig sein. Der Nutzen einer Herden-Entscheidung liegt auf der Hand, er ist in etwa derselbe, wie wenn man an der New Yorker Würstchenbude von Rolf Babiel ein „dictator special" bestellt: Man muss die Zutaten für seinen Hotdog nicht selbst auswählen, das erledigt der Chef. Dafür ist's billiger und geht schneller. Die Entscheidung ist getroffen, man kann sofort anfangen zu essen und muss nicht noch lange abwägen und nachdenken. Das entlastet und sättigt – für den Moment.

Es kann nützlich sein, sich Mehrheiten anzuschließen – eine Herde ist stärker als ein Einzelwesen. Dasselbe Verhalten kann aber auch fatal sein – bei der Standseilbahnkatastrophe von Kaprun lief die Mehrheit mit der Rauchentwicklung nach oben. Nur zwölf Menschen, nämlich diejenigen, die der Angst entgegen und nach unten gelaufen waren, überlebten.

Wir alle folgen bestimmten Trends und wühlen uns als soziale Nagetiere durchs Leben. Es ist uns wichtig, zu einer Gruppe von Menschen mit ähnlichem Umfeld und ähnlichen Zielen zu gehören. Die Belohnung ist das Wir-Gefühl, warm, wohltuend und ohne viel Nachdenken, direkt aus dem Bauch. Nur, zu viel davon ist ungut, weil wir dann vergessen, was wir eigentlich selbst wollen, und unsere eigene Urteilskraft nicht mehr trainieren. Wir sehen später, dass es dann umso schwieriger ist, runterzuschalten und das zu finden, was uns selbst wichtig ist.

1. Schritt zur Selbst-Losigkeit: Die Herdenentscheidung

Phase zwei: Gleich und gleich gesellt sich gern

Gleichartigkeit heißt der Sprit, der die Karriere antreibt. Wenn Sie sich in einer Bank bewerben, tragen Sie Anzug bzw. Kostüm in gedeckten Farben – so werden Sie auf Anhieb als „Gattungsmitglied“ erkannt. Im Kreativbereich ist es eher umgekehrt, da ist erlaubt, was auffällt. Die Farbe der Ärzte ist weiß, die der Künstler schwarz ... Gleich und gleich gesellt sich gern.

Aber in der Echtzeit-Gegenwart kommt hinzu, dass immer mehr Prozesse, Produkte und Dienstleistungen standardisiert oder genormt werden. Sichtbar wird der Einheitstrend überall, selbst in den Innenstädten. Da gibt es entlang der gepflasterten Fußgängerzonen Kaffeehaus-Ketten, Bekleidungshaus-Ketten, Schnellrestaurant-Ketten, Steakhaus-Ketten, Kaufhaus-Ketten. Man sitzt sommers draußen an städtischen Plätzen unter Palmen in Terracotta-Töpfen, schlürft einen Espresso, und merkt eigentlich gar nicht mehr, ob das Paris, Rom oder Frankfurt ist. Genau, wie sich die äußere Architektur von Fußgängerzonen international angleicht, hat sich längst die „innere Architektur“ von Unternehmen angeglichen. Wie bei einer russischen Matka-Puppe erstreckt sich die Vereinheitlichung vom Grossen bis ins Kleinste. Kaum jemand kann sich dem entziehen. So werden Mitarbeiter und Manager – manche mehr, manche weniger - Rädchen in einem Normierungs-Getriebe. In verschiedenen Abstufungen und mit immer mehr Schwung verlangt es dem Karriere-Anwärter Anpassung bis zur Selbstaufgabe ab. Diese Selbstaufgabe ist es, die den vormals beweglichen Menschen, der viele Optionen hatte, mehr und mehr einengt und seiner Möglichkeiten beraubt.

2. Schritt zur Selbst-Losigkeit: Anpassung an die Branche

Phase drei : Das richtige Studium

„Manager werden, das hatte so einen Magnetismus, auch wenn man nicht genau wusste, worauf man sich einlässt. Viele meiner Schulfreunde wollten BWL studieren, also machte ich das auch. Das Studium war sehr lernintensiv", berichtet Axel Wendel über den Beginn seiner Laufbahn.

Die zweite Sprosse auf der vereinheitlichten Karriereleiter: Ein Studium der Wirtschaftswissenschaften, BWL oder Jura, Abschluss: MBA. Spezifisches Fachwissen, wie es noch in den 1980er Jahren für Karrieren von unten nach oben im Unternehmen wichtig war, ist heute eher nebensächlich. An dessen Stelle sind Finanzen, Marketing und Controlling getreten. Im MBA-Studium lernt man, Daten zu sammeln, Kennzahlen und Kontrollmethoden zu bearbeiten und wieder neue bürokratische Prozesse zu entwickeln, die nicht unbedingt etwas mit unternehmerischen Zielen zu tun haben. Die Vorschriften zur internationalen Rechnungslegung fordern das, im Zuge der Globalisierung werden solche Verfahrensexperten gebraucht. Halten wir also noch ein Merkmal der Normierungsmaschine fest: Die Kandidaten der Normkarriere produzieren ihrerseits mechanistische Strukturen. Perfekt. Die Maschine reproduziert sich selbst.

3. Schritt zur Selbst-Losigkeit: Lernen, Prozesse zu produzieren.

Phase vier: Ahnungslos durchs Assessment Center

„Das Studium enthielt unglaublich viel Examenswissen, das man zwei Wochen später schon wieder vergessen hatte. Aber klar, alles in allem und mit den Praktika, die man neben dem Studium gemacht hat, fühlte man sich als frischer MBA als King. Das Gerede vom Assessment-Center konnte da eigentlich erst mal keinen schockieren. Aber dann kriegt man doch das Hosenflattern ..."

Der vierte zu bestehende Schritt in der Laufbahn zum Norm-Manager: Das Assessment-Center (AC). Ein Auswahlverfahren, dessen Ursprünge bei Rekrutierungsverfahren der deutschen Wehrmacht bzw. später der US-Army liegen. Ziel der Tests: Für ein bestimmtes Unternehmen geeignete Kandidaten auf die Führungskräfte-Schiene zu setzen. Worin diese Eignung genau besteht, ist allerdings nicht klar. In Praxisanleitungen zum AC-Verfahren ist die Rede von der „Selektion geeigneter Personen für ausgeschriebene Merkmalsklassen", und zwar nach „Quoten" – Sie verstehen?

Ein Bewerber erzählt von seinen Erlebnissen aus fünf AC. Er stellt fest, dass sich die Verfahren in den großen Unternehmen mehr oder weniger gleichen. Die Konkurrenten beobachten sich und die Reaktionen der Juroren, jeder beäugt jeden, es ist ein Nonstop-Vergleich in alle Richtungen.

Die konkrete Aufgabenstellung sei bei solchen Prüfungen fast nebensächlich, schreibt der AC-Kandidat. Worauf es den Prüfern allerdings ankomme, weiß der Kandidat nicht: Durchsetzungsfähigkeit? Teamfähigkeit? Emotionalität? Coolness? Es ist, als wenn jemand zum Hundertmeterlauf antritt, um vielleicht nachher zu erfahren, dass der Läufer mit dem besten Hüftschwung siegte. Die Prüfer werden sich irgendetwas notieren, der Kandidat hat keine Ahnung, was.

„Fair war das nicht" erzählt auch Axel Wendel. „Man hatte ständig dieses ungute Gefühl im Magen, aber zeigen durfte man es natürlich nicht."

Die Macher der AC-Verfahren glauben, messbare Auswahlkriterien für ihre Merkmalsklassen zu haben. Viele Fragen sind jedoch aus wissenschaftlicher Sicht bis heute ungeklärt: Misst das AC wirklich, was es zu messen vorgibt? Sind da nicht auch „gefühlte", also nicht messbare Inhalte beteiligt? Sind erfolgreiche AC-Teilnehmer wirklich Garanten für den Erfolg eines Unternehmens? Oder bringt das Verfahren nur angepasste Streber hervor?

Stellen Sie sich nur einen Moment mal Gründertypen vor wie Anita Roddick, Jil Sander oder Götz Werner – hätten sie ein AC bestanden? Wohl kaum.

4.Schritt zur Selbst-Losigkeit: Vorgeben, sich angepasst zu verhalten.

Phase fünf: Laufbandtraining im Unternehmen

„Irgendwann hatte ich kapiert, was die wollten. Und ich hatte Glück. Beim dritten AC hat es dann geklappt. Noch zwei Gespräche, und der Vertrag war unterschrieben. Ein Gefühl wie nach einem Hürdenlauf. Ich war so was von froh, endlich angekommen zu sein. Aber die wahren Hürden kamen ja erst ..." berichtet Axel Wendel weiter.

Im Unternehmen fängt die Normierungsmaschine erst richtig an zu laufen. Den Job-Einsteiger erwarten „Trainings-on-the-job", Projektmanagement-Seminare und Führungskräftetrainings. Personalverantwortliche überwachen in regelmäßigen Abständen die Leistungen der Nachwuchskräfte. Die „Vergleichbarkeit" – denn objektiv will man ja sein – soll mit Evaluierungsbögen hergestellt werden, die von Mitarbeitern und Vorgesetzten ausgefüllt werden.

Unser Bewerber, egal ob Mann oder Frau, ist angekommen auf einem Laufband, das ihn nach oben transportieren und gleichzeitig „formen" soll, damit er zur Kultur des Hauses und der Branche passt. Beim Militär nennt man das „schleifen". Dieser Transport geht relativ geräuschlos vonstatten, wenn der Aufstiegs-Kandidat sich an bestimmte Regeln hält. So wird zum Beispiel seine Bereitschaft vorausgesetzt, Privatzeit für die Pflege von beruflichen Kontakten zu opfern. Problematisch wird es, wenn unser Aspirant ein „Lifestyle-Problem" hat: Das kann zum Beispiel darin bestehen, dass Männer sich ihrer Familie widmen wollen.

In den USA gibt es in Personalabteilungen von dot-com-Firmen für Mitarbeiter oder Bewerber die Kategorie „Zero Drag". Ursprünglich war damit die reibungsfreie Bewegung von Rädern gemeint. Dort aber wendet man den Begriff auf Menschen an, die bereit sind, von einem Job zum nächsten zu wechseln, ohne familiäre Bindungen oder Verpflichtungen.

Der Zero-Drag-Manager ist der „Traumprinz" der Personalbranche: Er ist gesund, jung und „flexibel", also ungebunden, und kann sich ganz und gar den geschäftlichen Aufgaben widmen, ohne lästigen „Anhang". Mit anderen Worten: Gesucht werden im Grunde keine

Menschen mit eigenem Leben und eigenen Zielen und Gefühlen. Und wenn, dann sollen das „zu vereinbarende“ Ziele sein. Gesucht werden gleichartige Funktionsträger. Je mehr die Reibung zunimmt, desto störender fürs Unternehmen und die Karriere. Wer dann irgendwann mal runterschalten will aus einer gehobenen Position, hat aus Sicht vieler Personaler also nicht nur ein „Lifestyle-Problem“, sondern auch einen geringeren Marktwert.

5. Schritt zur Selbst-Losigkeit: Anpassung an die Firma

Phase sechs: Ritterschlag zum „Entscheider"

„Die ersten Jahre vergingen wie nichts. Ich fand es prima, in einem großen Unternehmen mit gutem Namen zu arbeiten. Die Arbeit hörte gar nicht mehr auf, aber sie machte Spaß. Ich bekam auch bald in der Projektarbeit eigene Teams. Es gab immer mehr Verantwortung und ich habe das für selbstverständlich genommen. Ich hatte den Eindruck, wichtig fürs Unternehmen zu sein.“ Axel Wendel ist „angekommen“ in der Normkarriere!

Inzwischen sind Kandidat oder Kandidatin funktionierende Rädchen im Getriebe. Falls es ein Kandidat ist, kommt er immer mehr in Regionen, in denen jene mystisch verklärte Eigenschaft von ihm erwartet wird, die die Managerklasse angeblich auszeichnet: Entscheiden. Schnell und richtig. Manager sind „Entscheider“. Entscheider-Sein hat etwas Kämpferisches, da geht es ums Überleben, hopp oder topp. Frauen zaudern, Männer entscheiden, zumindest in Filmen ist das so.

Auf dieser Stufe der Karriereleiter winkt also – für Männer – ein ganz wichtiger Gratifikationseffekt: Männliche Identität. Ohnehin gehören Beruf und Karriere zu den wichtigsten Identitäts-Stiftern für Männer. Frauen, die erfolgreich sind, müssen sich dagegen vielerorts dafür verteidigen: Durchsetzungsfähigkeit, Ambition und Macht gelten in der „gefühlten Arbeitswirklichkeit“ noch als männliche Attribute. Vielleicht ist das einer der Gründe, warum viele Frauen es an dieser Stelle der Norm-Karriere vorziehen, nicht weiter zu streben: Während Männer männliche Identität gewinnen, je weiter sie beruflich kommen, geht den sogenannten Karrierefrauen das weibliche Selbstverständnis, soweit es auf Bestätigung von außen beruht, verloren. Aber nicht nur Frauen neigen dazu, in diesem Stadium nicht weiter zu wollen. Auch viele Männer sind, hier angekommen, mit dem Erreichten zufrieden. Sie befinden sich in einer „Sandwich-Position", auf mittlerer Hierarchie-Ebene. Der Verdienst ist gut, aber Umstrukturierungen sind allgegenwärtig. Der Stress auch.

6. Schritt zur Selbst-Losigkeit: Dem Männlichkeits-Zauber erliegen.

Phase sieben: Verantwortung loswerden

„Dann klingelte irgendwann das Telefon und ein Headhunter war dran. Die neue Stelle bot einfach noch mehr und ich fiel nach oben. Wenn ich ehrlich bin, war da auch Glück im Spiel; ich kannte die richtigen Leute, die mich ins Gespräch brachten. Knapp zwei Jahre später passierte das Gleiche noch mal. Ich tauschte den einen Chefsessel mit dem nächsten, und was aus meinen Entscheidungen später wurde, habe ich so nicht mitgekriegt ..." so erlebte Axel Wendel seinen Weg nach oben.

Auf Stufe sechs der Norm-Karriere gab es mit der Beförderung zum „Entscheider" den Ritterschlag, ein echter Mann zu sein. Die Vereinheitlichungs-Maschine rattert derweil weiter, und nimmt ins Visier, was unser frisch geschlagener Ritter eben noch als seins feierte: Entscheidungen. Immer mehr Unternehmen haben immer mehr gleiche Entscheidungsmuster. Als Grund dafür sieht man in der Soziologie die schon beschriebene Vorliebe der Wirtschaftsleute fürs Vernünftige, die „Rationalitätsfiktion": Was vermeintlich rational ist, wird als ideales Entscheidungsmuster bezeichnet und zu Handlungsanweisungen umgegossen. Diese vorgeformten Abläufe und Entscheidungswege heißen „Best Practice".

Ein erfolgreiches Unternehmen, das eine so genannte Best Practice hervorgebracht hat, bekommt Vorbildcharakter, und andere Firmen orientieren sich daran. Daher wird ein Manager, der eines der vermeintlich bewährten Best Practice Modelle anwendet, nie Fehler machen. Es lassen sich immer andere Gründe finden und der Verweis auf das Best Practice Prozedere wirkt zusätzlich entlastend.

Im Klartext heißt das: Entscheidungsprozesse werden auf Autopilot gestellt. Persönliche Verantwortung, die ein angestellter Manager im Unterschied zu einem selbstständigen Unternehmer ja sowieso kaum kennt, wird von seinen Schultern genommen. Mithin wird die Fähigkeit für Fehlerbewusstsein und Selbsterkenntnis von der Normierungsmaschinerie immer mehr rausgefiltert. Nebenbei gesagt ist das einer der Gründe, warum Manager Coaches brauchen: Um ihre Selbsterkenntnis zu reaktivieren, um sie herauszuholen aus dem Umfeld der Beifallspender.

7. Schritt zur Selbst-Losigkeit: Verantwortung vergessen

Phase acht: Status - die Krönung des Norm-Managers

„Ich war viel auf Reisen, zu Geschäftspartnern, Tagungen, Meetings im Unternehmen. Die Hotels waren top und man schüttelte immer andere, aber auch immer wieder die gleichen Hände. Man kennt sich halt in der Branche. Es war so ein Golfclub-Gefühl, man war unter sich, das gehörte dazu."

Ein letztes Steinchen fehlt noch in unserem Mosaik der Normkarriere, es heißt „Corporate Identity" (CI) und bringt ähnlich wie der Ritterschlag zum Entscheider eine essentielle Form der Anerkennung: Ein Zugehörigkeitsgefühl, das insbesondere Manager mit „Zero Drag", also vollem Einsatz und wenig Privatleben, brauchen. Sie sind Entscheider, und zwar in einem Unternehmen, das ihnen eine starke „CI" bietet. Schon der Mitarbeiter soll sich mit dem Unternehmen identifizieren, selbst einfachen Angestellten werden Anreize geboten wie interner Wäsche- oder Einkaufsservice, damit mehr Zeit für das Unternehmen da ist und nebenbei ein „Wir-Gefühl" entsteht. Führungskräfte erhalten umfangreiche finanzielle Incentives, die es einfach machen, sich „mit dem Laden“ zu identifizieren: Statussymbole wie Firmenwagen und Handys, bezahlte Zweitwohnungen, Geschäftsreisen mit Luxusfaktor und so weiter. Solchermaßen mit Zugehörigkeit und Selbstbewusstsein ausgestattet, sind auch „unangenehme Entscheidungen“ leichter zu treffen, wie etwa zweifelhafte Fusionen abzuwickeln und Personal zu entlassen.

Und sollte einer der Manager doch mal ins Grübeln kommen, bietet das Unternehmen ihm den Kontakt mit Leidensgenossen. In Meetings oder bei Fachtagungen in luxuriösem Ambiente kann man sich austauschen und das Gewissen entlasten. Die Mitglieder dieser Gruppe beruhigen und bestätigen sich gegenseitig. So ist das eben. Wir müssen auch unangenehme Entscheidungen treffen, wir sind schließlich Entscheider, moderne Krieger. Das Wir-Gefühl wird gestärkt und der Restzweifel im Alkohol ertränkt.

Krönung der Selbst-Losigkeit: das Manager-Wir-Gefühl

Und da begegnen sie uns plötzlich wieder, die Gefühle, die es doch angeblich bei den rationalen Wirtschaftsleuten gar nicht gibt. Es sind starke Gefühle, die am Ende der Norm-Karriere stehen, nämlich eine Art Familienzughörigkeit zum Manager-Stand. Allerdings sind das keine „Blutsbande“, die idealerweise ein Leben lang halten. Diese Art der Zugehörigkeit kann schnell erschüttert werden.

Gefühlte Arbeitswirklichkeit: gelebt werden statt leben

Unsere überzeichnete Norm-Karriere hat gezeigt, wie aus jungen, hochmotivierten Berufseinsteigern Standardprodukte werden. Wie Menschen immer mehr vereinheitlicht werden, weil Systemeffekte die Kontrolle über ihr Selbstverständnis und ihre Selbststeuerung übernehmen. Hatte der gute alte Marx, der sein eigenes Leben nie geregelt bekam, also recht? Erleben wir als Ergebnis der Industrialisierung die zunehmende Entfremdung des Menschen von sich selbst?

Ja und nein, denn das ist nur die halbe Wahrheit. Ein Nebeneffekt dieses Prozesses ist nämlich, dass wir ihn mit offenen Augen erleben. Wir haben den Teufelspakt – Zeit gegen Geld – selbst unterschrieben, und Proletarier, die keine andere Wahl haben, sind wir nicht. Wer diese Art von Normkarriere durchläuft, hat immer eine Wahl und ist schlau genug, um irgendwann zu merken, in welchem Hamsterrad er oder sie steckt. Das resultierende Gefühl, gelebt zu werden, statt selbst zu leben, wird nicht resignierend hingenommen. Es mündet in den starken Wunsch, etwas zu ändern – wenn schon nicht am großen Ganzen, dann zumindest im eigenen Leben.

Achtung: Gefühle!

Aber das Szenario für die Zeit vor dem Runterschalten wäre nicht komplett, würden wir hier nicht auch die weniger erfreulichen Gefühle betrachten, die unsere Arbeitswelt hervorbringt. Auf positive Gefühle verzichten wir hier, denn sie werden immer schwächer, je stärker der Wunsch zum Runterschalten wird. Die Angst, den Arbeitsplatz zu verlieren, etwa, die paradoxen Botschaften der Arbeitswelt, das unsichere Selbstverständnis als Mann und als Frau im Beruf – alles Gefühle, die die Unstimmigkeit zwischen unserer Innen- und Außenwelt vergrößern.

Wenn Gefühle als lästig abgetan werden, wird etwas gern vergessen: Gefühle stellen die Verbindung zwischen Innen und Außen her. Sie „interpretieren" ohne Kopfarbeit Beobachtungen. Bestimmt gibt es allerhand Lektionen, die aus den kleinen und großen Wirtschaftskrisen dieser Welt gezogen werden müssten, aber eine davon müsste heißen: Leute in den Chefsesseln dieser Welt, hört auf, Gefühle zu ignorieren. Nehmt eure und die Gefühle anderer wahr. Merkt endlich mal, dass Gefühle mehr als einen Nutzen haben: Zu warnen, zum Beispiel. Mancher Schlammassel könnte vermieden werden, wenn wir achtsamer mit solchen Warnsignalen umgingen.

1. Die „innere Kündigung": Ohne mich, aber doch mit mir

Sie gehen ein letztes Mal in das Büro Ihres Vorgesetzten, knallen ihm ein paar Akten auf den Tisch, werden noch ein paar Verwünschungen los und verlassen dann mit einem sagenhaften Hochgefühl diese Stätte der Sklaverei, die bisher Ihr Arbeitsplatz war. Kennen Sie den Traum? Dann gehören Sie je nach Statistik zu jenen 70 Prozent der deutschen Angestellten, die längst die „innere Kündigung" eingereicht haben.

Wenn so viele Arbeitnehmer diese unsichtbare Kapitulationserklärung unterschrieben haben, bedeutet das, dass kaum noch jemand wirklich gern arbeitet. Es bedeutet, dass sich unglaublich viele Menschen morgens mit Widerwillen zur Arbeit schleppen, des Geldes wegen. „Ich schiebe nur noch Frust", so beschreiben das meine Klienten, oder „ich fühle mich wie in einer Zwangsjacke". Oder stimmt es etwa, dass wir Deutschen einfach nur gut sind im „Klagen auf hohem Niveau", wie gelegentlich behauptet wird? Und wenn, reicht das, um diese Klagen als „unbegründet" vom Tisch zu fegen und zur Tagesordnung zurückzukehren?

Niemand kündigt leichtfertig, auch nicht innerlich. Diese Form der Kapitulation steht am Ende einer langen, zähen Durststrecke. Erstes Signal sind Frustrations- und Ohnmachtsgefühle, gepaart mit dem Entschluss: „Jetzt zeig ich's denen erst recht!"

Sabine Reuter kennt diese Art von Frustrationen. Sie ist leitende IT-Entwicklerin in einem Weltkonzern. Sie „rennt immer wieder gegen Mauern", wenn sie nach Meetings darauf besteht, dass die gefassten Beschlüsse auch umgesetzt werden. Sie hört dann von ihrem Vorgesetzten, so sei das nicht gemeint gewesen. Wenn sie auf Protokolle verweist, sagt man ihr, sie solle endlich aufhören, zu meckern.

Es ist dieser Führungsstil nach Gutsherrenart, der Menschen frustriert: Informationen werden zurückgehalten, Mitwirkung wird entmöglicht, Diskussionen werden abgewürgt. Die betroffenen Mitarbeiter erleben das als Kontrollverlust und Machtlosigkeit. Trotzdem wird sich ein Kandidat für die innere Kündigung, nennen wir ihn (Frauen sind hier natürlich auch gemeint) Martin Schmidt, erst mal deutlich mehr anstrengen. Er wird mehr Gespräche suchen und sich aktiv um eine Verbesserung der Arbeitssituation bemühen. Aber irgendwann merkt Martin Schmidt, dass diese Bemühungen versanden. Sie kommen nicht an. Erst jetzt, nachdem er deutliche Klimmzüge in Richtung Leistungssteigerung unternommen hat, setzt die Resignation ein und erst dann wird Schmidt zum „Dienst nach Vorschrift“ übergehen.

2. Fehlende Anerkennung

„Das haben Sie gut gemacht!“ – Wann haben Sie diesen Satz zum letzten Mal gehört?

Anerkennung, ganz einfach in Worten ausgesprochen und weitergegeben, scheint allgemein ein gesuchter Rohstoff zu sein. Der Schluss liegt nahe, dass es mit den Sozialkompetenzen bei Führungskräften nicht weit her ist oder dass sie in der Einstellungs- und Beförderungspraxis keine Rolle spielen bzw. nur auf dem Papier existieren. Oder hängt es mit dem Gleichmachungssystem in großen Unternehmen zusammen, dass der Sinn fürs Individuelle einfach verlorengeht?

Offenbar gibt es immer diesen Unterschied zwischen Wunsch und Wirklichkeit, er ist ein Hauptmerkmal der gefühlten Arbeitswirklichkeit. Alle reden von Vertrauen, von Wertschätzung, von „wertvollem Humankapital“. Was aber bei vielen ankommt, sind Kontrolle, Geringschätzung und Arbeitsplatzangst.

Dass Anerkennung wichtig ist, weiß man schon lange. Inzwischen sind die Arbeitsforscher aber einen Schritt weiter und sie sagen: „Fehlende Anerkennung macht krank.“ Johannes Siegrist, Direktor des Instituts für Medizinische Soziologie an der Heinrich-Heine-Universität Düsseldorf, fand bei seinen Untersuchungen heraus: Was zählt, ist nicht irgendein verallgemeinertes Schulterklopfen oder ein höheres Gehalt, sondern echte Wahrnehmung der individuellen Leistung. Allerdings, auch das zeigen seine Analysen, ist diese Erwartung bei den meisten Vorgesetzten fehl am Platz: Fehler erkennen und benennen sie, Leistungen und gute Ergebnisse dagegen eher nicht.

3. Stress bis zum Umfallen

„Ich kann nachts einfach nicht mehr abschalten. Bei der Arbeit kann ich es niemandem recht machen, und zuhause muss ich den verantwortungsvollen Vater und Ehemann geben. Die ganze Verantwortung lastet auf mir. Wo bleibe ich eigentlich?“ Solche Klagen höre ich häufig von meinen Klienten.

Die Konsequenz aus nicht beachteter Leistung wird von den Arbeitsforschern „berufliche Gratifikationskrise“ genannt und kann zu körperlichen und seelischen Erkrankungen führen. Denn der oder die Betroffene erlebt die fehlende Anerkennung und seine Machtlosigkeit als Stress: Die Herzfrequenz steigt, Stresshormone werden ausgeschüttet, was wiederum vielfältige Folgen haben kann: Herzprobleme, Schlafschwierigkeiten, Magen-Darmerkrankungen, Depressionen, Rückenbeschwerden, um nur ein paar zu nennen.

Spätestens jetzt ist der Zeitpunkt gekommen, an dem aus der inneren Kündigung von Herrn oder Frau Schmidt eine echte werden sollte. Gesundheit gegen Arbeit, das ist ein fauler Handel. Aber die meisten Herren und Damen Schmidt bleiben auch jenseits der Schmerzgrenze im Unternehmen. In diesem Fall gibt es zwei Möglichkeiten.

Variante A: Inzwischen ist Martin Schmidt durch erhöhte Krankheitsanfälligkeit aufgefallen, seine Leistung lässt in der Wahrnehmung des Vorgesetzten ohnehin zu wünschen übrig. Ein Kündigungsgrund seitens des Unternehmens findet sich, Schmidt ist seine Arbeit los.

Oder Variante B: Martin Schmidt erleidet einen Zusammenbruch – Herzkreislauf oder psychisch, wieder ist er seinen Job los und nach einigen Wochen verordneter Auszeit weiß er, dass er sein Leben ändern muss.

Dabei ist viel Arbeit nicht das Problem. Die meisten Menschen arbeiten gern viel, wenn sie darin einen Sinn sehen. Sinn entsteht, wie wir gesehen haben, wenn Menschen Anerkennung finden, wenn sie Einfluss nehmen können auf ihren Arbeitsbereich und ihre Zeit, und wenn sie Entwicklungsmöglichkeiten für sich sehen. Das alles ist in den „Mühlen“ der Großkonzerne, wenn überhaupt, nur beschränkt und für eine begrenzte Zeit möglich.

Wieso steigen wir nicht früher aus, bevor wir Schaden nehmen? Vermutlich, weil wir eine Erlaubnis brauchen. Krankheit oder Tod sind eine gute Entschuldigung. Aber auch, weil wir mehr auf die regelmäßigen TÜV-Intervalle des Autos achten als auf die eigene Gesundheit. Verantwortung für sich und sein eigenes Leben, wo lernt man das hierzulande?

4. Angst um den Job

„Wir sehen es in jedem Quartal: Die Einschläge kommen immer näher.“ – Ein Kriegs-Szenario auf Büroetagen: Personal wird abgebaut, die Arbeitsplatzangst geht um. Das Prinzip „Austauschbarkeit“ übernimmt die Kontrolle. Alle wissen: Wir haben dem Arbeitgeber Arbeits- und Lebenszeit gegeben, was für diesen allerdings bestenfalls für die Höhe der Abfindung relevant ist. Angestellte, die ihre Firmentreue als Wert sehen, fallen „aus allen Wolken“, wenn ihnen gekündigt wird – was hat sich geändert?

Der so genannte psychologische Vertrag, der unausgesprochene und unsichtbare Erwartungsteil eines jeden Arbeitsvertrags, ist in den vergangenen Jahrzehnten von den Arbeitgebern neu formuliert worden. Bestand dieser Vertrag früher in gegenseitiger Loyalität, verbunden mit Arbeitsplatzsicherheit, so ist jetzt Flexibilität der vom Arbeitnehmer einseitig eingeforderte Wert. Wir leben schließlich in Echtzeit. Die Echtzeit bringt mit der hohen Synchronisierung jene hohe Standardisierung der Lebensläufe mit sich, die wir inzwischen als Norm-Karrieren kennen gelernt haben. Dieser Variante der Gleichmacherei entkamen auch die Arbeitsverhältnisse nicht. Nicht mehr Loyalität, sondern Flexibilität wird vom einzelnen Arbeitnehmer gefordert. Das bedeutet für den Arbeitgeber, Personal je nach Auftragslage „zeitnah“ entlassen zu können.

In diesem Denkmodell hat die Verantwortung für seine Karriere einzig und allein der Berufstätige selbst. Das zum Konzept passende Schlagwort heißt Arbeitsmarktfähigkeit: Pass selbst darauf auf, dass du, wenn dein Arbeitgeber dich freisetzt, am Arbeitsmarkt noch gebraucht wirst. Mache Weiterbildungen, in deiner Freizeit, nach den Überstunden. Diese werden nach einer Umfrage des Jobportals Monster in Deutschland dem Arbeitgeber übrigens mittlerweile überwiegend ohne Gegenleistung „zur Verfügung gestellt".

5. Paradoxe Erwartungen

Flexibel soll der Angestellte sein, bereit, jederzeit zu gehen, aber auch bereit, jederzeit zu bleiben, dem Arbeitgeber seine Zeit zu schenken, wenn sie gebraucht wird. Denn zwischen den Zeilen moderner Arbeitsverträge wird noch eine Eigenschaft von Martin und Martina Schmidt erwartet und mit ihrer Zeit-Spende-Bereitschaft verquickt: unternehmerisch zu denken. Schmidt soll erkennen, wann es dem Unternehmen nützt, Mehrarbeit zu leisten. Keine Frage, dass das fast immer der Fall ist.

Der Verfall von Mehrarbeit von Angestellten der Hauptverwaltung eines großen Autokonzerns war Gegenstand einer arbeitsgerichtlichen Auseinandersetzung. Der Richter wollte herausfinden, warum so viele Überstunden angehäuft wurden. Der Arbeitgeber hatte sie weder angeordnet noch die Bezahlung dieser Stunden angekündigt. Ganz im Gegenteil, die Unternehmensleitung hatte auf die ersatzlose Streichung dieser Stunden mehrmals hingewiesen.

Waren Mitarbeiter, die ihren Freizeitausgleich in vollem Umfang wahrnehmen wollten, benachteiligt worden? Auch das war nicht erkennbar. Der Richter folgerte: „Der Beschäftigte erbringt diese Arbeitsleistung ohne Rechtsgrund." Und weiter: „Es mag sein, dass Mitarbeiter in Erwartung zusätzlicher Karrierechancen oder wegen der Erfolgsabhängigkeit ihrer Vergütung von der Geltendmachung ihres Freizeitausgleichs absehen. Diesen stünde aber jederzeit die Möglichkeit offen, umzudenken..."

Aber sie denken nicht um. Woran liegt das? Vergleichen wir mal den alten psychologischen Arbeitsvertrag mit dem neuen. Das alte System forderte von jedem Mitarbeiter Teilzuständigkeiten, die mehr oder weniger klar definiert waren. Die Grenzen eines Arbeitsplatzes setzten auch Grenzen für die Zuständigkeit des Mitarbeiters. Wenn das Ganze nicht funktionierte, war das ein Problem der Unternehmensführung.

Ganz anders im neuen psychologischen Vertrag. Überwiegend ist die Arbeit in modernen Unternehmen „prozessorientiert", es gibt „Cross-functional-Teams." Kommunikation, über Arbeitsplatzgrenzen hinaus, ist die erste Kompetenz des Mitarbeiters. Angenommen, es klemmt irgendwo, wird der moderne Mitarbeiter sich nicht als nicht zuständig erklären können. Er würde dann das Ergebnis des Teams, der Abteilung, des Unternehmens gefährden. Er wird versuchen, sich „drum zu kümmern", auch wenn er „eigentlich" nicht zuständig ist. Jedem einzelnen kleinen Rad im Getriebe wird Verantwortung für den Umsatz, fürs große Ganze abverlangt. Unser Herr Schmidt ist, so heißt das heute, „Teil der Wertschöpfungskette", und daher nimmt er den entstehenden Erfüllungsdruck höchst persönlich. Die Anweisungen der Vorgesetzten sind – verglichen mit dem früheren psychologischen Vertrag – eher diffus: „Tut das, was für das Ergebnis gut ist." Wenn es jetzt irgendwo hakt, stellt sich sofort die Frage „Wer hat seine Prozess-Funktion nicht erfüllt?" Vielleicht wird unser Herr Schmidt „rausgedeutet", denn Konkurrenz unter Mitarbeitern, nicht ihre Solidarität ist ein Funktionsprinzip dieses Modells. Unternehmerische Probleme sehen aus wie das Versagen einzelner Mitarbeiter. Und wer will schon als Versager dastehen?

6. Fehlende Solidarität

Der Druck der Gruppe auf den Einzelnen ist enorm gestiegen – und die Gruppe sind die „lieben Kollegen". Diese indirekte Steuerung führt dazu, dass Mitarbeiter Regelungen unterlaufen, die eigentlich in ihrem Interesse sind: Ihre „verschenkte Zeit" mit Freizeit auszugleichen, zum Beispiel. Wer das macht, wird möglicherweise zum „Kollegenschwein" gestempelt – andere müssen „seine Arbeit" erledigen, während er abwesend ist.

7. Sinn- und Orientierungslosigkeit

Man investiert Lebenszeit, riskiert den Verlust privater Beziehungen und bekommt – Vagheit und Unverbindlichkeit. Individuelle Leistung wird von Vorgesetzten kaum erkannt und gefördert. Schmidt denkt unternehmerisch, identifiziert sich mit dem Unternehmen, obwohl er kein Unternehmer ist. Er übernimmt womöglich die Verantwortung, die kaskadenartig von den ihm vorgesetzten Managern angespült wird, obwohl das nicht sein Verantwortungsbereich ist. Wir erinnern uns, das System entlastet die Entscheider von Verantwortung. Der Mitarbeiter engagiert sich mit Leib und Seele, übernimmt Eigenverantwortung, indem er sich weiterbildet, bis eines Tages sein Einsatz nicht mehr gebraucht wird. Seine Loyalität ist nicht mehr gefragt und mit der seines Arbeitgebers war aufgrund des neuen psychologischen Vertrags sowieso nicht zu rechnen, aber gehofft hat er doch darauf. Das alles ergibt keinen Sinn. Sinnlosigkeit wird gefühlt.

Von einem Moment auf den anderen ist der Mitarbeiter, der immer „vernünftig" dachte und handelte, mit einem Cocktail von Gefühlen konfrontiert: Wut, Frustration, Existenzangst, Orientierungslosigkeit, Kontrollverlust.

Ein Klient erzählt: „Du teilst Tag für Tag den Alltag mit den Kollegen, und zwar jahrelang. Du fängst an, sie für deine Familie zu halten. Die wissen, wann du Krach hast mit der Schwiegermutter, welche Musik du gerne hörst, und wie hoch die Raten fürs Haus sind. Und dann, von einem Tag auf den anderen, bist du draußen. Du denkst, na der und der, die werden bestimmt mal anrufen und hören, wie es dir geht. Aber nichts. Die rufen nicht an. Inzwischen habe ich gelernt, Kollegen sind keine Freunde. Aber wer hält noch zu einem, wenn man jahrelang keine Zeit hatte für Freundschaften?"

Für diesen Klienten war die plötzliche Isolation nach dem Arbeitsplatzverlust so schlimm, dass er jeden Tag in eine Stadtbibliothek ging, um das Gefühl zu haben, „unter Menschen" zu sein.

An der „gefühlten Arbeitswirklichkeit" hängt mehr, als wir uns bewusst machen. Der moderne Mensch und besonders der moderne Mann identifiziert sich mit dem Beruf. Ist der Beruf weg, ist das Selbst, für einen Moment jedenfalls, auf Tauchstation.

8. Unsicherheit, als Mann, als Frau

Wenn hier meistens die Rede war von Herrn Schmidt, ist das kein Zufall. Wir haben eine Norm-Karriere und Norm-Arbeitsverhältnisse betrachtet, und diese Norm wird nach wie vor von männlichen Berufstätigen verkörpert.

Es ist ein alter Hut, dass wir bestimmte Klischeevorstellungen haben von dem, was männlich ist und weiblich, also beispielsweise „Führung“ als männlich ansehen und „Emotionalität“ als weiblich. Es kommt uns so vor, als ob das immer schon so gewesen sei und eben irgendwie „naturgewollt“. Aber wenn wir genau hinschauen, sehen wir, dass es auch Männer gibt, die nicht führen können und auch Frauen, die kaum emotional sind. Solche Auffassungen von „Natur“ dienten als Rechtfertigung für die bürgerliche Gesellschaftsordnung und sind bis heute in manchen Hinterköpfen.

In Bezug auf Männer und Frauen im Berufsleben hat die Normierungs-Maschine eine Unwucht, denn Chancengleichheit gibt es nicht. Ein Beispiel von vielen: In den USA ist im Mai 2010 ein Schweizer Pharmakonzern zu Wiedergutmachungen in Höhe von 3,36 Mio Dollar verurteilt worden: Die Jury des New Yorker Bundesbezirksgerichts fand, dass dort Frauen bei Beförderungen übergangen wurden, dass ihnen nicht der gleiche Lohn ausgezahlt und dass Schwangere benachteiligt wurden.

Auch hierzulande ist das so, nur klagt kaum jemand dagegen. Frauen verdienen bei gleicher Position bis zu 24 Prozent weniger als Männer. Männer arbeiten kaum in Teilzeit, gegenwärtig sind es zu 88,2 Prozent Frauen, die in schlecht bezahlten Teilzeitjobs arbeiten.

Männer, die in Elternzeit gehen, haben mit Repressalien zu rechnen, wenn sie wiederkommen. Ein Klient berichtet, nach kurzem Vaterschaftsurlaub habe er seinen Aufgabenbereich in der IT nicht wiedererkannt. Sein Vorgesetzter sagte ihm, „so einen wie dich brauchen wir hier nicht“.

Männer sehen sich gedrängt, überkommene Männlichkeitsbilder zu „bedienen“ und zu schuften bis zum Umfallen, indem sie das „Konkurrenz-Prinzip“, das allgemein als „männlich“ gilt, übererfüllen.

Manche glauben, es wäre besser, das leidige Thema unter den Teppich zu kehren. Die Welt ist so, wie sie ist, basta. Aber wie ist sie denn? Das Leben stellt uns einfach die Frage nach unserem Rollenverständnis, ob wir sie hören wollen, oder nicht. Männer und Frauen haben die Aufgabenverteilung in Partnerschaften und Familien zu klären. Sie wollen wissen, inwieweit der Beruf zu ihnen und ihrem Selbstverständnis passt.

Aber auch dem Single stellt sich diese Frage. Kann ein Mann „Pfleger“ sein und immer noch männlich? Kann eine Frau Tontechniker oder „Entscheider“ sein und immer noch weiblich? Klar können sie das. Aber das bedeutet das Ende der „Eindeutigkeit“. Es bedeutet, dass ein erhöhter Klärungsbedarf besteht über die Aufgaben und Erwartungen, die Mann und Frau haben. Das neue Rollenmodell ist aufwendiger, kostet mehr Energie, und im Berufsleben ist es noch nicht angekommen. Solange das Wirtschaftssystem so genannte männliche Eigenschaften belohnt, wird es für alle, die anders sind, anstrengend sein.

Wir haben das Leben und Arbeiten in Echtzeit kennengelernt. Mittlerweile sind wir reif fürs Runterschalten. Das bedeutet, sich von den Binsenweisheiten der Echtzeit-Welt zu verabschieden. Wer runterschalten will, sollte auch die eigenen Rollenkonzepte überdenken.

Schluss mit der Selbst-Losigkeit

Nehmen wir mal an, wir sind nicht nur „Mecker-Männer und -Frauen", und an der gefühlten Arbeitswirklichkeit, wie sie hier beschrieben wird, ist etwas Wahres dran. Dann würden unglaublich viele Menschen schädliche Arbeitsbedingungen inklusive gemeiner Kollegen und Vorgesetzter ertragen in dem Glauben „das Richtige zu tun". Oder genauer, sie würden es tun, weil sie glauben, dass das, was alle tun, das Richtige ist. Ich frage Sie: Wenn das richtig ist, was ist dann falsch?

Konsequente Antwort: sich auf sich selbst zu besinnen. Herauszufinden, was einem selbst wichtig ist. Das kann eine faszinierende, anstrengende oder auch enttäuschende Entdeckungsreise sein. Vorher weiß man das nicht. Wenn diese Besinnung also grundfalsch ist, dann tun Sie mal was Falsches!

Wenn es ums eigene, individuelle Leben geht, kommen wir mit den Begriffen „richtig“ und „falsch“ nicht weit. Da gilt es, von Situation zu Situation zu entscheiden, was richtig und was falsch ist. Es kann also richtig sein, eine Norm-Karriere zu machen, wenn man damit auch später im Leben noch zufrieden ist. Es kann aber auch falsch sein, so einen Weg zu wählen, wenn man schon früh ahnt, dass da unüberwindliche Hindernisse lauern. Es kann richtig sein, noch mit 56 Jahren aus der Selbstständigkeit einen Weg zurück ins Angestelltenverhältnis zu suchen, wenn man in der Selbstständigkeit keine Zukunft sieht. Genauso kann es umgekehrt richtig sein, das kommt auf die individuelle Situation an.

Richtig ist, was zu Ihnen und Ihrer Lebenssituation passt, und das gilt es beim Runterschalten herauszufinden.

Runterschalten – was ist das?

Im Motorsport oder vor einem Überholvorgang wird runtergeschaltet, um mit höheren Drehzahlen besser beschleunigen zu können. Sie ahnen es: Diese Art von Runterschalten ist hier nicht gemeint.

Vielmehr wird Runterschalten hier verstanden als eine bewusste Hinwendung zu den Werten, die Ihnen als Individuum wichtig sind, Werte, die Sie persönlich ausmachen. Es wird verstanden als Reduktion auf das für Sie Wesentliche. Runterschalten bedeutet also Abschied nehmen vom Norm-Leben im Hamsterrad.

Natürlich werden das immer noch solche Werte sein, die auch andere haben. Und Sie müssen auch nicht zum Sonderling werden wie jener Auktionator von Sotheby's, der angeblich seine teure Wohnung verkauft hat und nachts im Wald schläft. Viele sehnen sich danach, auf das Wesentliche runterzuschalten. Aber nicht alle bekommen es hin: Erstens weiß man als Rädchen in der Norm-Maschine gar nicht mehr so genau, was für einen selbst wesentlich ist. Zweitens funktioniert der Handel nicht ohne Zoll: Sie müssen dann nämlich, je nachdem, wie weit Sie gehen, auf typische Belohnungen des Echtzeit-Daseins verzichten: auf das Gefühl, wichtig und unverzichtbar zu sein zum Beispiel, auf das Gefühl, dass allein die Arbeit es ist, die uns als Persönlichkeit definiert, und auf die Bequemlichkeit, Entscheidungen „von der Stange" zu übernehmen. Sie schalten runter von kollektiven Werturteilen auf eigene und reduzieren Ihr Leben auf das für Sie Wichtige. Selber denken, nicht auf Autopilot fahren, lautet die Devise.

Wichtig ist die Akzent-Verschiebung, die Sie durch das Runterschalten erreichen: Statt der „Corporate Identity" oder einer anderen Rudelgemeinschaft, mit der sich der Berufstätige identifiziert, setzen Sie Ihre „Personal Identity" als Maßstab Ihres Tuns. Sie fragen nicht mehr, komme ich in dieser Firma gut an? Sie fragen, passt diese Firma zu mir? Oder anders: Kann ich eine Firma gründen, die zu mir und zum Markt passt? Sie entscheiden nicht mehr nach „Best Practice-Vorgaben", Sie entscheiden nach Ihren eigenen Vorgaben. Das ist, nebenbei gesagt, auch einer der Gründe, warum Menschen nach dem Runterschalten in manchen Unternehmen eben nicht mehr so gut ankommen: Sie wissen, was sie wollen. Mehr noch, sie handeln – so weit es geht – danach. Sie fühlen sich vom Druck des Hamsterrads nicht mehr angesprochen. Sie können möglicherweise mit der drohenden Abstempelung zum „Kollegenschwein“ anders umgehen. Sie gehen nach der Regelarbeitszeit und verweisen nicht auf Anwesenheit, sondern auf Leistung als Gradmesser für ihren Erfolg. Oder sie hören ganz auf, Angestellter zu sein. Sie nehmen den Begriff „Selbstständigkeit“ als Programm und finden dort ihre persönliche Erfüllung.

Wissen, was man will, ist der Schlüssel zum Runterschalten.

Wer bin ich und was will ich?

Um zu wissen, was Sie wollen, müssen Sie Ihre Bedürfnisse kennen, und ganz grundlegend wissen, wer Sie sind. Entsprechend stehen die folgenden Fragen am Anfang des hier angebotenen Wegs zum Runterschalten:

- **Wer bin ich?**

  Eine einfache Frage mit vielen möglichen Antworten, denn sie betrifft die Rollen, die wir im täglichen Leben haben, und nach denen sich unser Handeln richtet.

  Wie viel Ihrer Zeit verbringen Sie zum Beispiel damit, Vater oder Mutter oder Kind Ihrer Eltern zu sein? Wie viel liegt Ihnen an Ihrer männlichen oder weiblichen Identität? Wie viel an Ihrer beruflichen Rolle? Sind Sie es gewohnt, andere zu führen? Wie führen bzw. navigieren Sie sich selbst?

- **Was kann ich?**

  Bringen Sie alles, was Sie können, in Ihren Beruf ein? Oder schlummern da ungenutzte Fähigkeiten und brachliegendes Wissen? Wollen Sie überhaupt alles beruflich nutzen oder sind Sie zufrieden mit Ihren privat ausgelebten Hobbys? Haben Sie eine gute Geschäftsidee?

- **Was brauche ich?**

  Was ist Ihnen wichtig im Leben, beruflich und privat? Was brauchen Sie, um zufrieden leben zu können? Auf was können Sie dabei verzichten?

- **Was will ich?**

  Wohin soll Sie Ihr neuer Lebenskurs bringen? Was wollen Sie mit dem Runterschalten erzielen?

Falls Sie vorhaben, nur Ihren Stress zu reduzieren, brauchen Sie nicht unbedingt runterzuschalten. Ein gutes Programm für optimiertes Zeitmanagement kann dabei auch gute Arbeit leisten.

Runterschalten – mehr als Tempo reduzieren

Mehr Gelassenheit und weniger Stress sind nur ein willkommener Nebeneffekt des Runterschaltens. Wenn Sie Ihr Innen und Außen in Einklang bringen, werden Sie weniger Stress erleben, ganz „automatisch“. Das mit dem Nebeneffekt wundert Sie vielleicht, denn fälschlicherweise wird das Runterschalten gern als Allheilmittel gegen Stress dargestellt. Eine schlaue Strategie: So vermittelt die Herdenmeinung unterschwellig, dass nur die, die den Stress nicht aushalten, dem Runterschalten anheim fallen. Die Unfähigen, Kranken und sonstige Sonderlinge. Die Botschaft zwischen den Zeilen: Wir im Hamsterrad sind die Krönung der Schöpfung, nur die Fähigen und Starken gehören dazu! Mit der gleichen Schlichtheit könnte man entgegnen: „Wer klug ist, macht da nicht mit!“

So ist das eben: In der normierten Arbeitswelt wird zwecks Selbstschutz gern verallgemeinert. Da läuft man auf Autopilot und dass man damit bei sich und anderen Schaden anrichtet, will niemand wahrhaben. Denken Sie daran, falls Sie sich beim Runterschalten solchen Anfeindungen ausgesetzt sehen.

Beim Runterschalten geht es keineswegs um eine Kur für Stressgeschädigte, sondern um nichts weniger als das Finden der eigenen Identität. Ein Anti-Stress-Programm kann das nicht sein, bei genauerem Hinsehen. Denn Runterschalten erfordert viel Energie, viel Planung, viel Steuerleistung und die Bereitschaft, Risiken einzugehen. Mit anderen Worten: Der Weg zum Ziel braucht allerhand Aufwand an materiellen Mitteln, an Zeit und Eigenleistung, er ist kein Spaziergang. Es gibt auch nicht in jedem Fall eine Garantie, dass am Ende des Runterschaltens „weniger Arbeit" winkt – bei Selbstständigen ist es eher mehr – aber wünschenswert ist, dass es mehr selbstgesteuerte und selbstverantwortete Arbeit ist. Das wird, wenn Sie Eigenverantwortung schätzen, zu mehr Zufriedenheit und Gelassenheit führen.

Das Motto lautet auch nicht einfach: Mehr Langsamkeit bedeutet mehr Lebensqualität. So werden nur Symptome behandelt, nicht die Ursache. Überlegen Sie mal, wo das Leben am langsamsten ist: im Grab. Langsamkeit allein ist nicht die Lösung.

Warum nicht? Weil der Hauptstressfaktor meistens der Kontrollverlust im eigenen Leben ist. Stressbetroffene erleiden einen immensen Kontrollverlust gegenüber dem Druck, den sie spüren. Sie können ihr eigenes Leben nicht mehr steuern, sie erleben sich als fremdgesteuert. Eine momentane Temporeduktion ist dann heilsam, ein Innehalten notwendig. Aber nur, um die Kontrolle zurückzugewinnen und um selbst Lebenstempo und Inhalte wieder bestimmen zu können, in Abstimmung mit dem, was für den Betroffenen gut ist.

Beweglich bleiben lautet das Mantra fürs Runterschalten – das bedeutet, auch mal wieder aufdrehen zu können, wenn es nötig ist.

Kurs bestimmen und neue Ziele ansteuern

Um Runterschalten zu können, sollten Sie zuerst mal klären, ob Sie sich selbst gut zu neuen Zielen steuern können, und ob die äußeren Bedingungen dafür förderlich sind. Sie werden beim Runterschalten Ihr Lebensschiff immer wieder auf Kurs bringen müssen, auch in schwierigen Gewässern. Um Ihnen die Idee der Selbst-Navigation näherzubringen, folgt im nächsten Kapitel ein Ausflug in die Kunst des Steuerns.

Die Seefahrt-Symbolik ist bestens geeignet, um diese elementaren Techniken in der Kunst der Lebensführung vorzustellen: Navigieren und Driften, Abwettern und die Schiffbruch-Kompetenz. Als Auslöser für das Runterschalten lernen Sie den Schiffbruch und die Sinnfrage kennen. Beide rufen jene eigenartige Unstimmigkeit von „Innen und Außen“ hervor, die uns veranlasst, innezuhalten und über uns nachzudenken. Das sind die Bedingungen für das Runterschalten, die uns alle betreffen.

Dann unternehmen wir eine Exkursion in den Rumpf Ihres eigenen Schiffes – in Ihre Innenwelt – und betrachten Ihre Umwelt: den „Hafen“, in dem Sie momentan liegen, also Ihre Arbeits- und Lebenssituation. Wir fragen uns, was Sie noch alles brauchen, um mit Ihrem Lebensschiff den neuen Kurs des Runterschaltens einzuschlagen: welche Unterstützer, welche Fähigkeiten und Fertigkeiten Sie haben, wie Sie mit Ihren Schwächen umgehen, welchen Ballast Sie loswerden sollten.

Dazu biete ich Ihnen Checklisten und Reflexionsübungen an, um Sie auf dem Weg zum Runterschalten zu begleiten. Nicht jede Übung enthält allerdings eine „Auflösung“ oder Handlungsanleitung. Dieses Buch ist kein Rezeptbuch, sondern will Sie anregen, Ihren eigenen Weg zu finden. Die Interpretation von Ergebnissen ist Ihre Aufgabe, Sie sind der Steuermann:

Selbst-Denken ist die wichtigste Aufgabe beim Runterschalten.

Runtergeschaltet – ein Blick auf die Praxis

Grundsätzlich gibt es viele Arten, runterzuschalten – zu dreien davon finden Sie im Praxisteil konkrete Beispiele.

1. Sie bleiben in Ihrem Arbeitsplatz. Beste Voraussetzung dafür ist: Die Arbeit macht Ihnen Spaß, Sie wollen aber mehr Zeit für sich haben.

2. Sie sind mit den Inhalten Ihrer bisherigen Arbeit unzufrieden und suchen eine neue Ausrichtung – einen neuen Job mit anderen Inhalten also.

3. Sie sind mit dem Angestellt-Sein an sich unzufrieden und möchten mehr Gestaltungsfreiheit. Sie haben oder suchen eine Geschäftsidee und wollen sich selbstständig machen.

Natürlich gibt es noch dic Variante, dass Sie genug Vermögen haben, um als Privatier zu leben, aber dann bräuchten Sie dieses Buch vermutlich nicht.

Weiter also zu den Voraussetzungen für das Runterschalten, die uns alle betreffen: Steuern, Driften, Abwettern, Schiffbruch und Sinnfrage.

Klar Schiff machen: Voraussetzung für den Kurswechsel

Was brauchen wir, um zu neuen Ufern aufzubrechen? Ein Schiff zu steuern, ist kein Kinderspiel. Nicht nur die Technik muss beherrscht werden, sondern es erfordert Gespür für die Naturgewalten, Intuition und Entscheidungskunst. Manchmal muss man auch bereit sein, einen widrigen Kurs zu korrigieren, ein anderes Mal, volle Fahrt voraus ins Ungewisse zu steuern. Dazu braucht man viele Fähigkeiten, aber auch eine gut gewartete Ausrüstung. Welche Ausrüstung wir alle brauchen, um Runterschalten zu können, lesen Sie in diesem Kapitel.

Die Kunst des Steuerns: navigieren und driften

Wir alle sind Kybernetiker, wussten Sie das? Kybernetik, das ist die Kunst des Steuerns. Wir stehen am Steuer unseres Lebensschiffs, und das zu steuern kann schwierig sein, denn dabei haben wir es mit vielen komplexen Systemen zu tun: Erstens mit unserer eigenen Persönlichkeit, selbst schon so ein System, und natürlich, um im Bild zu bleiben, auch mit unserer Ausrüstung, unser Inventar für alle Lebensrouten, die wir einschlagen. Und zweitens mit allem, was wie Wind und Wetter „draußen" ist: Mit dem Freundes- und Familienkreis, mit Organisations- und Gesellschaftsstrukturen. So gesehen, ist Kybernetik die Kunst der Lebensführung. Dummerweise kann man dafür nirgendwo ein Schifffahrtspatent machen.

Als Erdenbürger sind wir in irgendeinem Leben gestrandet. Eine Wahl – dieses Leben auf dem Kleiderbügel dort nehme ich, das da lieber nicht – hatten wir nicht. Aber mittlerweile, nachdem wir eine Weile unterwegs sind, können wir wählen. Wir haben unterschiedliche Positionen an Bord des eigenen Schiffs durchlaufen und können – in Abstimmung mit Wind und Wetter – selbst den Kurs bestimmen. Sie haben natürlich Recht, wenn Sie sagen, den Kurs legt der Kapitän fest, der Steuermann führt ihn nur aus. Aber wir Künstler der Lebensführung sind Einhand-Segler. Die Funktion, zu entscheiden und Entscheidungen umzusetzen, liegt in einer Hand, auch wenn wir dabei die Menschen, die uns wichtig sind, „mit an Bord" holen sollten. Aber dazu später.

Für das „Bestimmen und Einhalten des Kurses" sind zwei Fähigkeiten des Steuermanns entscheidend: Navigieren und Driften. Wenn es einen TÜV für Führungskräfte gäbe, müssten diese beiden Fähigkeiten auf dem Prüfstand stehen: Wer sich selbst nicht führen kann, wird auch andere nicht führen können.

Navigieren bedeutet, das Ziel aktiv und bewusst zu bestimmen, den Kurs dorthin abzusetzen und auch selbst zum Ziel zu steuern. Damit sind nicht nur Langzeitziele gemeint. Unser innerer Navigator ist auch im Spiel, wenn es darum geht, etwa mit Stimmungstiefs und Hochs umzugehen, mit Launen, Motivationslöchern und sonstigen Schwankungen unserer Inneneinrichtung. Er wird versuchen, die inneren Abweichler „auf Kurs“ zu halten, um das Ziel zu erreichen. Dazu braucht der Steuermann einen guten Draht zu seiner Innenausstattung, er muss Bauchgefühle als Botschaften aus dem „Rumpf“ erkennen, schätzen und auswerten können. Er muss wissen, wann es sinnvoll ist, diesen Bauchgefühlen Raum zu geben, ihnen zu vertrauen und zu folgen, oder wann die kühlen Berechnungen des Kopfes wertvoller sind.

Driften wiederum kommt an Bord in zwei Varianten vor: Vom Steuermann gewollt, also kontrolliert, oder eben nicht. Kontrolliert driften heißt, Sie entscheiden sich bewusst dafür und überlassen sich, weil es momentan ratsam erscheint, für eine selbst bestimmte Zeitspanne den Gegebenheiten. Genau wie beim Navigieren gibt es das durch Lebensphasen Driften und das gedankliche Driften: das Draußen auf sich zukommen lassen und in der Innensicht neu erleben, sich treiben lassen bei geöffneten Augen, um dabei für all das offen zu sein, was vorbeischwimmt und beim bewussten Steuern in eine Richtung übersehen werden kann. Für kreative Prozesse ist diese Art des gedanklichen Abschweifens überaus wertvoll: Ideen finden und gestalten durch kontrolliertes Driften, aktives Passiv-Sein. Es ist ein Tauchgang in die Innenwelt, bei dem man selbst Anfang und Ende setzt. Haben Sie heute schon gedriftet? Das kontrollierte Driften hat noch einen Vorteil: Ein paar Minuten wegdriften entlastet den Steuermann, es ist erholsam.

Was aber, wenn der Steuermann Fische füttert, noch wenig Erfahrung am Steuer hat oder lieber in der Sonne liegt? Dann fährt unser Lebensschiff ohne Steuermann, mit ein paar allgemeinen Voreinstellungen vielleicht – bestenfalls auf Autopilot. Das Risiko dabei ist, dass der Betroffene das nicht unbedingt merkt und sich auf der sicheren Seite wähnt. Erst in der Rückschau fällt ihm auf, dass er ohne eigene Kontrolle gedriftet ist.

Das gedanklich unkontrollierte Driften heißt nicht unbedingt, dass Sie ständig in irgendwelchen Rauschzuständen sind oder etwa jenseits der Wirklichkeit ein „Second life“, eine zweite Existenz im Internet, führen. - Es kann auch bedeuten, dass Sie aus der passiven Haltung, die das Driften ja ausmacht, nicht mehr herauskommen und antriebslos sind, weil der Steuermann pausiert.

Auf die Langzeitachse bezogen, haben wir das unkontrollierte Driften schon kennen gelernt: Ohne nachzudenken, welche Bedürfnisse man selbst hat, tun wir das, was die anderen tun. Wie gesagt, in bestimmten Lebensphasen kann diese Art des Driftens angebracht sein. Wenn man jung ist und sich selbst als Erwachsener noch gar nicht so genau kennt, zum Beispiel. Doch je älter man wird, desto mehr möchte man für gewöhnlich das Steuer in die Hand nehmen.

Als Karriereberater nach altem Schlag würde ich Sie jetzt fragen, wie sieht Ihr neues Ziel aus. Sie sind schließlich der Steuermann, Sie wollen runterschalten. Wohin soll es gehen? Navigieren Sie, setzen Sie sich ein neues Ziel, planen Sie Zwischenziele – eins, zwei, drei –, und leben Sie danach. Dann könnte ich mir ein paar Kapitel sparen und wäre auch prima aufgehoben im Mainstream unserer Beratungskultur, die meint: Es ist Ihr Leben, es ist Ihr Problem. Sie allein sind verantwortlich für den Erfolg Ihres Lebensentwurfs. Aber so einfach komme ich nicht davon.

Alles ist im Fluss ...

Kybernetik bedeutet, dass drinnen und draußen dynamische Systeme zu steuern sind. Wir haben es als Steuerleute mit einem ständigen Wechsel der Bedingungen zu tun, und mit der Wahl, entsprechend dieser Bedingungen zu navigieren oder zu driften. Das Driften wird übrigens in der modernen „Management-Entscheider-Kultur“ gern ausgeblendet, als wenn es nicht vorkäme oder wertlos wäre. Es kann aber unter Umständen die einzig richtige Antwort auf eine Situation sein, wenn man das Schiff nicht auf Grund steuern will. Ein Beispiel dazu gleich. Halten wir hier fest:

Die Kunst des Steuerns zeigt sich nicht darin, nur zu navigieren. Sie zeigt sich in der Fähigkeit, zwischen den Selbststeuerungsbewegungen Driften und Navigieren wechseln zu können. Sie erfordert die Urteilskraft, zu erkennen, zu welchem Zeitpunkt welche Steuerart die beste ist.

**Erste Kunst des Steuermanns:
Wechseln können zwischen Navigieren und Driften**

Wie komme ich zu dieser Urteilskraft, fragen Sie? Falls Sie in Echtzeit leben und Ihnen ein Mausklick zu langsam ist, wird die Antwort Sie vermutlich enttäuschen. Der Weg zur Selbst-Steuerungskunst braucht zweierlei: Zeit (siehe „Stopp - die Sinnfrage“, Seite 74) und oft den Umweg über einen Schiffbruch. Ein Schiffbruch hat bei allem Schlammassel den Vorteil, dass man sich dabei selbst kennen lernt, ganz direkt und ohne zu viel Verkopfung. Sich selbst zu kennen ist elementar fürs Selbst-Steuern. Wenn diese Voraussetzung nicht gegeben ist, fährt man sicherer auf Auto-Pilot. Betrachten wir aber nun einmal die erste Möglichkeit, nämlich sich Zeit zu nehmen, und zwar mehr als zwei Mausklicks!

Im Sturm erst mal abwettern!

Beispiel

In einer Krise seiner Branche fragt sich Investmentbanker Mathias Berner, Ende dreißig, zwei Kinder, ob er sich beruflich verändern soll. Die wirtschaftliche Lage hat schon einige seiner Kollegen den Posten gekostet, es gibt eine „Investment-Banker-Schwemme." Daher scheint ein Wechsel in eine andere Bank wenig ratsam. Berner schätzt zwar sein hohes Gehalt, sieht aber viele Ungereimtheiten in der Unternehmensführung und wünscht sich mehr Verantwortung und Entscheidungsspielraum. Er hat Ideen für Firmengründungen. Es gibt in seiner Familie Industriekapitäne vom alten Schlag, die sein Bild von „Selbstführung" und „Führung" prägen und in Form von Erwartungen seiner Lieben immer präsent sind. Bleibt er in seinem Job, meint er, diese Erwartungen und auch seinen Anspruch an sich selbst zu enttäuschen. Verlässt er seine Stelle, begibt er sich in unsicheres Fahrwasser, das jedenfalls sagen seine selbst erstellten Geschäftspläne. „Sicherheit" aber ist immer ein Wert in seinem Leben gewesen, der auch in Zukunft wichtig sein soll. An diesem Punkt nimmt er sich Zeit für eine Zwischenbilanz. Er nimmt Urlaub und steigt aus dem Alltag aus, um seine Situation zu überdenken. Nachdem er alle beruflichen Möglichkeiten ausgelotet hat, die er sieht, entscheidet er sich für die Sicherheit und gegen die innere Erwartungshaltung: Er bleibt angestellt, bis sich die äußeren oder firmeninternen Bedingungen ändern. Mit anderen Worten, erst macht er eine Pause, einen Zwischenstopp, dann entscheidet er sich fürs kontrollierte Driften.

Bei Sturm gibt es an Bord eines Segelschiffs nur eine Möglichkeit: „Abwettern" – das heißt, einen Treibanker rauswerfen, alles gut festzurren und „die Schotten dicht" machen, um im Innern des Bootes auf bessere Bedingungen zu warten. Es bedeutet, mitten im Tosen eine Pause einzulegen. Sie können sich diese Pause aber auch im Hafen erlauben, vor der Reise, wenn Sie Inventur machen. Diese Art der Pause betrachten wir im Kapitel „Stopp - die Sinnfrage" (siehe Seite 74) genauer. Wichtig ist, dass Sie einmal Abstand gewinnen von der unmittelbaren Situation und wie von oben auf Ihre Lage schauen. Vielen Kursänderungen im Leben geht eine Zwangspause oder ein Schiffbruch voraus: Burnout-Betroffene etwa finden sich wortwörtlich wieder, wenn sie in einer Klinik gelandet sind und eine Reha-Kur machen. Wer eine solche Pause, so einen Zwischenstopp macht, wird auch eine neue Sensibilität für Zeit entwickeln. Jetzt ist jetzt, wird er merken. Immer durch den Alltag navigieren und Ziele erreichen wollen heißt ja auch, die Gegenwart in ihrer Einzigartigkeit nicht mehr wahrzunehmen. Aber im Zwischenstopp ist alles Gegenwart, die Zukunft ist draußen und wartet. Wer weiß, ob nicht beim Verlassen des Hauses ein Ziegel runterfällt und man das Wunschziel gar nicht erreicht? Da ist es doch besser, den Moment schätzen zu können. Jeden Tag zu schätzen, auch wenn er vermeintlich nicht zu irgendeiner Zielerreichung beigetragen hat.

Es sind viele Gründe denkbar, um im Leben mal abzuwettern, Pause zu machen vom dauernden Entscheiden und Steuern. Beispielsweise, wenn man krank ist, geistig oder körperlich erschöpft ist oder unter „Dauerstrom" steht und keinen klaren Gedanken mehr fassen kann. Wenn man sich aus irgendwelchen Gründen im Kreis dreht und „vor lauter Bäumen den Wald" nicht mehr sieht. Aber auch, wenn man bei guten äußeren und inneren Bedingungen einen neuen Kurs mit neuen

Zielen setzen will. Der zweite Tipp für uns Steuerleute und das, was wir Lebenskünstler ohne Schifffahrtspatent brauchen, lautet also:

Keine schwerwiegenden Entscheidungen unter „Druck" oder „Zugzwang".
Stattdessen: Abwettern, Pause machen.
Pause machen vor dem Richtungswechsel,
Pause machen für die Inventaraufnahme.

Schiffbruch droht – entscheiden oder abwarten?

Viele Menschen versuchen, aktive Entscheidungen zu vermeiden, selbst wenn es um Leben oder Tod geht, sagt ein Mann, der es wissen muss, weil er seit Jahrzehnten über Entscheidungsverhalten forscht: Gerd Gigerenzer vom Max-Planck-Institut für Bildungsforschung in Berlin. Mit anderen Worten: Viele Menschen driften durch ihr Leben. Sie bekommen mehr oder weniger zufällig gute Jobs angeboten, nutzen Gelegenheiten, wenn sie sich bieten, folgen den Urteilen und Vorbildern anderer. Sie sind ganz und gar nicht „pro-aktiv", wie die moderne Management-Philosophie es fordert. Und warum sollten sie? Sie kommen schließlich gut durch. Und außerdem: Wer lange als Drifter unterwegs ist, kann es mit der Angst zu tun bekommen, wenn man von ihm aktive Entscheidungen verlangt. Denn das ungewohnte aktive Entscheiden birgt ein klares Risiko: fehlzuschlagen.

Als Fehler kann sich freilich jede Entscheidung erweisen, egal, ob man oft oder selten entscheidet. Wer allerdings oft entscheidet, hat meist auch bestimmte Routinen für den Umgang mit Misserfolgen entwickelt, die ihn gegen die zu erwartende Häme der Umwelt abhärten und ihn zudem mit jenem Aufstehvermögen ausstatten, das nötig ist, um Schiffbrüche zu überstehen. Wir kennen diese Immunisierungsstrategie schon aus dem Kapitel „Ritterschlag zum Entscheider": Führungskräfte schreiben Erfolge meist sich selbst zu und Misserfolge anderen bzw. den „Best-Practice-Modellen." Aber klar, auch hier kommt es auf die Dosierung, diesmal zwischen Selbst- und Fremdeinschätzung, an. Viele Führungskräfte bekommen keine Rückmeldungen oder nur Beifall von außen. Da ist es fast unvermeidlich, dass manche von ihnen dabei die Bodenhaftung beziehungsweise ihren Realitätssinn verlieren.

Entscheiden birgt also das Risiko, eine Fehlentscheidung, einen Misserfolg oder einen Schiffbruch zu kassieren. Aber nicht entscheiden birgt dieses Risiko genauso. Auf eine Wahl zu verzichten, wenn man sie hat, ist auch eine Entscheidung.

Nicht entscheiden geht nicht. Auch die Konsequenzen einer passiven Drifter-Haltung haben der Drifter und sein Umfeld zu tragen.

Möglicherweise sieht man die Konsequenz einer Entscheidung nicht gleich – Mathias Berner wird erst in einiger Zeit herausfinden, ob es wirklich gut war, in seinem Job zu bleiben. Auf der anderen Seite: Man kann, auch wenn manche Fernseh-Formate mit Ehefrauentausch das nahelegen, kein Leben auf Probe leben. Wie es gelaufen wäre, wenn Berner sich an dieser Stelle zu einer anderen Variante entschlossen hätte, weiß niemand.

Im Prinzip ist jede Frage, die sich in die Zukunft richtet, eine unentscheidbare Frage. Erst im Rückblick wissen wir, ob unsere Entscheidung „gut" war.

Wir haben keine allwissende Kristallkugel. Wir können zwar einiges tun, um das Risiko einer Fehlentscheidung durch gute Vorbereitung und Planung zu vermindern, aber ausschließen lässt sich das nicht.

Lösen Sie sich von Binsenweisheiten!

Auch „Aushalten" und „Abwarten" ist also eine Entscheidung, die allerdings vom großen Publikum nicht mit Applaus belohnt wird, weil nichts Sichtbares passiert. Sollten Sie eine solche Entscheidung treffen, ist eine Einstellung nützlich, die sich auch sonst gut im Gepäck macht: sich innerlich zu lösen von Binsenweisheiten. In unserem Fall wäre eine solche Binsenweisheit die Meinung, eine gute Entscheidung wäre nur eine mit Sofort-Wirkung.

Sie treffen die Entscheidung für sich selbst und Ihr direktes Umfeld – nicht für Menschen, die Meinungen zu allem haben, und von allem viel, aber nichts Genaues wissen. Ballast erkennen und loswerden ist eine der Aufgaben beim Runterschalten, auch wenn es um Vor-Urteile geht. Und noch einen klaren Vorteil hat die Entscheidung fürs Abwarten: Sie spart meistens Energie, denn Sie bleiben in vertrautem Fahr

Es gibt auch „unsichtbare" Entscheidungen. Wenn sie auch keinen Applaus ernten, heißt das nicht, das sie keinen Wert haben.

Befreien wir uns von der Vorstellung, jede Entscheidung müsste erst mal einschlagen wie eine Bombe. Es braucht meistens Zeit, um den Wert einer Entscheidung beurteilen zu können.

Halten wir fest: Ihre Entscheidungen sollen in Ihr Leben passen, Sie selbst sollen damit zufrieden sein.

Seien Sie ein Entscheidungskünstler!

Mal angenommen, Sie wollen eine neue Hose kaufen. Wie machen Sie das? Fällt es Ihnen leicht, sind Sie ein Entscheidungskünstler, oder finden Sie es schwierig? Kennen Sie ein Geschäft, in dem Sie nur ins Regal greifen müssen und schon sind zwei, drei gute und passende Hosen dabei? Oder suchen Sie lange nach dem besten Schnitt und der optimalen Passform und finden mal die, mal die andere Hose besser? Und wenn Sie dann endlich eine gekauft haben, gefällt sie Ihnen nach einer Woche nicht mehr?

Menschen, die nach optimalen Lösungen suchen, werden nach amerikanischen Studien über Entscheidungsverhalten „Maximiser" genannt:

Sie suchen stets nach der besten Möglichkeit – egal, ob das eine Hose oder ein Traumpartner ist – und sind deshalb gefährdet, an der Diskrepanz zwischen Wunsch und Wirklichkeit zu verzweifeln. Denn die Wahlmöglichkeiten, die sie sehen, bleiben meist hinter ihren hohen Erwartungen zurück. Weil sie ihre Entscheidungen dann als Fehler „benoten“, wird selbst das Banalste immer bedeutender. Am Ende wird der Maximierer auch zur minimalsten Entscheidung nicht mehr fähig sein, weil er meint, dass alle diese Entscheidungen fehlschlagen.

Wer den Hosenkauf schnell und zur eigenen Zufriedenheit erledigt, gehört zur Kategorie der „Satisficer“. Diese Menschen wägen die Güter „Zeitinvestition “ und „Kaufergebnis“ ab, und sind mit einer mittelmäßigen und schnellen Lösung zufrieden. Das Leben dieser zu Kompromissen fähigen Menschen zeichnet sich gegenüber dem ersten Entscheidungstyp durch größeren Optimismus, höhere Selbstachtung und mehr Lebenszufriedenheit aus. Diese Menschen sind die wahren Entscheidungskünstler.

Halt, stopp! Eine Entscheidung fürs Mittelmaß soll eine gute sein? Was sind das denn für Töne? Was steckt dahinter? Wenn ich mich relativ schnell für eine Hose entscheide, dann tue ich das im Bewusstsein, dass ich nicht alle Hosen dieser Welt kennen kann. Und selbst wenn ich das könnte, würde das rationale Für und Wider der Entscheidung bei Millionen von Hosen ewig dauern. Im Wissen um die Begrenztheit meines eigenen Überblicks und meiner Zeit verzichte ich auf ein langes Auswahlverfahren. Ich treffe eine Entscheidung für eine von vornherein limitierte Auswahl: für dieses eine Geschäft, bei dem ich Qualität, Angebot und Preisspanne kenne. Dieser Laden wird mir eine Auswahl präsentieren, die mir gefällt. Bei der zweiten Entscheidung, der Kaufentscheidung, darf ich mich also getrost auf meine Intuition verlassen, auf mein Bauchgefühl. Inmitten der schon für meinen Geschmack vorselektierten Auswahl finde ich die momentan beste Variante. Bingo. Ich freue mich an dem Ergebnis und am Zeitgewinn.

Benjamin Franklin soll als Entscheidungsmethode das „moralische Algebra“ empfohlen haben, bei dem der Zweifelnde einfach nur eine Pro- und Kontra-Liste zu machen hat. Diese Art der Entscheidungsfindung wird seither als grundsolide propagiert, denn sie folgt der schlichten Vernunft-Regel: Das Kriterium mit den meisten Plus-Punkten siegt.

Diese simple Rechnung geht von zwei Annahmen aus: erstens, der Mensch würde alle entscheidungsrelevanten Faktoren kennen, zweitens, Gefühle hätten bei Entscheidungen nichts zu suchen. Es ist ein Land der Klarheit und Reinheit, das da erdacht wird – das Land, das es gab, bevor Eva zum Apfel griff.

Seither gibt es Unübersichtlichkeiten und Ungewissheit. Dazu gehört das Wissen, dass wir eben nicht alles wissen und dass unsere Zeit begrenzt ist und dass wir uns deshalb also ebenso gut auf unsere Intuition verlassen können. Entscheidungsforscher wie Gerd Gigerenzer behaupten nach jahrzehntelanger Forschung nun auch noch kühn, dass dieses Vertrauen auf Gefühle gar nicht die zweitbeste, sondern die beste Wahl sei.

Die vermeintlichen Beschränkungen der Intelligenz seien in Wahrheit ihre Stärke, sagt er in „Bauchentscheidungen". Denn unsere Intelligenz würde sich anpassen und mit ihren Mitteln haushalten, indem sie sich auf das Unbewusste verlässt. Mehr Informationen und Überlegungen seien nicht immer besser – weniger kann mehr sein. Ist das nicht das beste Plädoyer für das Runterschalten auf das Wesentliche, das man sich vorstellen kann? Mit anderen Worten:

> Vergessen Sie Kopfentscheidungen. Es ist selbst für „Kopfmenschen" inzwischen wissenschaftlich und mit langen Testreihen nachprüfbar, dass Bauchentscheidungen für unsere Steuermannskunst am wertvollsten sind.

Wenn Sie sich nun für einen solchen Kopfmenschen halten, werden Sie wohl jetzt ins Grübeln kommen. Bauchentscheidungen? Gab es die in Ihrem Leben überhaupt? Sie kennen Ihren Bauch bisher nur als Ort für Verdauungsprozesse? Das wird sich ändern, wenn Sie mehr über die Schiffbruchkompetenz und die Sinnfrage im Leben gelesen haben.

Vertrautes und vertracktes Fahrwasser

Nicht immer entscheiden wir unter Schön-Wetter-Bedingungen und mit ausreichend Zeit. Es kann auch sein, dass der Auslöser für Ihren Entscheidungswunsch ein energiezehrender Arbeitsplatz ist. Auch dann gilt zwar, erst eine Auszeit nehmen und regenerieren, die Batterien wieder aufladen und dann mit klarem Kopf schauen, wo es hingehen kann – siehe zweiter Steuerkunst-Tipp. Aber in einem Stress-Job wird das „vertraute Fahrwasser" – also die Variante, im Job zu bleiben – möglicherweise schädlich sein. Bei einer Arbeit, die sich als Energie-Vampir herausstellt, sollte die seelische und körperliche Gesundheit vor allen anderen Erwägungen Vorrang haben. Hier gilt es also genau zu prüfen, wie sehr die Gesundheit schon betroffen ist – siehe „ Stress- und Workaholic-Barometer" unten. Oder Sie konsultieren dazu Ihren Hausarzt!

Bei Stressbetroffenen bemerke ich oft genau das Gegenteil von dem, was ich oben beschrieben habe, denn in einer Hinsicht scheinen sich gestresste Menschen vollkommen von den Werturteilen ihres näheren Umfeldes gelöst zu haben: Sie ignorieren Ratschläge, die Entlastung vom Stress bringen sollen, notorisch. Nur das eine Urteil von außen, nämlich die Anerkennung durch die Arbeit, ist ihnen noch wichtig. Gestresste Menschen haben, um es mal deutlich zu sagen, einen Tunnelblick. Sie wissen nicht mehr, was gut für sie ist und haben meist keine Kompetenz mehr, in eigener Sache zu entscheiden. Ihr Steuermann fällt aus. Da hilft oft nur noch der „Schiffbruch", also irgendeine gesundheitliche Zwangspause.

Stress ist laut WHO die Gesundheitsgefährdung Nr. 1 in westlichen Industrienationen, zudem setzt er unsere Steuerkunst außer Kraft: Wir sehen den Eisberg nicht!

Die Zwangspause kann freilich auch auf andere Art zustande kommen. Wenn ein Drifter mit seinem Sich-Treiben-Lassen erfolgreich ist, nennen wir ihn einen Glückspilz. Dann hat dieser Mensch für diese Lebensphase genau die richtige Strategie gefunden. Vielleicht sogar für ein ganzes Leben. Viele Biographien sind Drifter-Karrieren – man hatte die richtigen Verbindungen, und die richtigen Weichen für das Leben wurden gestellt. Aber solche „Glückssträhnen" können genauso unvermutet abreißen. Oder sie setzen gar nicht erst ein. Dann kommt der unkontrollierte Drifter möglicherweise mit sich und seinem Leben ins Trudeln. Selbst steuern, sich aus der Misere ziehen, das kann er zunächst nicht. Dann heißt es, Schiffbruch voraus!

Elementar: Schiffbruch-Kompetenz

Vollbremsung. Von hundert auf Null in einem Tag. Die Einschläge kamen immer näher und jetzt ist Peter Dehner selbst von der Umstrukturierung betroffen. Nach zehn Jahren Betriebszugehörigkeit, zuletzt als Vertriebsleiter, hat man die Regionen neu organisiert und sein Gebiet ist in das eines jüngeren Kollegen einbezogen worden. Die Entscheidung ist ihm mitgeteilt worden, er hatte noch seinen Schreibtisch zu räumen und war mit sofortiger Wirkung „freigestellt". Plötzlich Frischluft, Tageslicht. Eine Abfindung und jede Menge selbst zu gestaltende Zeit sind jetzt da. Vorbei sind: die Kollegen, Kunden, die Arbeit, der Dienstwagen, die tägliche Routine, alles, wofür Dehner bisher gelebt hat. Die Zeit fließt auf einmal träge:

Beispiel

„Ich frage mich jetzt jeden Morgen, wozu soll ich eigentlich aufstehen. Also komme ich erst gegen Mittag aus den Federn. Einen Kaffee, Appetit habe ich eigentlich keinen, und dann mittags durch die Stadt spazieren. Seltsam, selbst der Straßenverkehr hört sich anders an, kratzig. Es sieht auch alles anders aus. Die Bürotürme sind so gradlinig, alles ist geometrisch. Grüppchen von Berufstätigen eilen zu einem schnellen Mittagstisch. Ich bummle, für mich ist eigentlich erst Morgen. Einzelne Handytypen sprechen im Gehen in ihr headset, wie ich, früher. Keiner nimmt Notiz von mir, aber alle sehen es mir an, dass ich keine Arbeit habe ..."

Nur ein Beispiel für das Ereignis, das wir hier Schiffbruch nennen. Schiffbrüche kommen in vielen Formen vor und sind allgegenwärtig: Unfälle, Todesfälle, Krankheiten, nicht erreichte Ziele, verpatzte Prüfungen und Einstellungsgespräche, gescheiterte Beziehungen, Pleiten, geplatzte Träume. Es sind Fälle von individuellem Scheitern, „Verlust-Erfahrungen". Aber auch Kollektive können Schiffbruch erleiden –

Fußballspiele werden verloren, Firmen gehen bankrott, der Kommunismus scheitert, der „Turbo-Kapitalismus" mündet in eine „globale Krise". Wir könnten das Phänomen als vertraut verbuchen, aber jedes Mal sind wir zunächst erschrocken, wehrlos, verletzt, denn diese Möglichkeit blenden wir gern aus. Dabei ist es gar nicht mal falsch, das Ausblenden. Denn sonst würden manche von uns vor lauter Angst, Schiffbruch zu erleiden, nie in Bewegung kommen. Doch obwohl das Scheitern in all seinen großen und kleinen Varianten also ganz alltäglich ist, ist es absolut unpopulär. Keiner will etwas damit zu tun haben. Wenn aber einer so richtig auf die Klippen knallt, fehlt es meist nicht an Zuschauern. Dann kommt der „Ätsch-Effekt". Die Davongekommenen weiden sich an dem Glück, diesmal nicht dazuzugehören – zahllose Nachmittags-Shows im Fernsehen speisen sich aus diesen Gefühlen. Dass viele zuschauen, ändert jedoch nichts an der Tatsache, dass Scheitern eine einsame Angelegenheit ist. Erfolge werden gefeiert, Scheitern macht man überwiegend mit sich selbst aus, das ist Privatsache.

Der Schiffbruch zeigt uns unsere Grenzen. Von einem Moment auf den anderen ist „Halten" angesagt, innehalten, wo man doch eigentlich weitermachen wollte. Die Zeit, die Welt draußen, der eigene Körper, die Seele, alles fühlt sich auf einmal anders und fremd an. Man möchte sich schütteln, aufrappeln und wieder zurückfinden ins vertraute Fahrwasser. Aber man sitzt fest, auf einem Trümmerhaufen.

Was nun? Kommen wir hier mit der Steuerkunst weiter? Ja und nein. Nein, weil wir im Stillstand nicht steuern können – aber es geht ja nicht nur ums Steuern! Ja, weil jetzt Schiffbruch-Kompetenz gefragt ist, ein Teilgebiet der Steuerkunst. Stimmt, ich gebe zu, das Wort klingt verdächtig nach dem Kompetenz-Gedöns im Personalmarketing. Aber diese Fähigkeit werden Sie in keinem Human Resources-Fragebogen über Schlüsselkompetenzen finden. Die Schiffbruch-Kompetenz ist ebenso überlebenswichtig wie geheimnisvoll, kaum einer redet darüber. Wer sie hat, wird vielleicht bewundernd als „Stehaufmännchen" bezeichnet. Ich meine damit die Fähigkeit, am Scheitern nicht zu scheitern. Oder anders ausgedrückt, die Fähigkeit, vom Stillstand wieder in Bewegung zu kommen.

Anfang 2009 hat ein amerikanischer Pilot eine spektakuläre Bruchlandung hingelegt: Chesley Sullenberger ist mit einem Airbus 320 im Hudson River bei New York notgewassert. Alle Insassen haben überlebt. Bestimmt war es für Sullenbergers Meisterleistung hilfreich, dass er nicht nur ein erfahrener Flugkapitän war, sondern auch, dass er als Ausbilder alle möglichen Katastrophenszenarien, darunter auch den unfallauslösenden doppelten Triebwerksausfall trainiert hatte. Die Katastrophe, mit der er zu tun hatte, war ihm also in seiner Vorstellungswelt und in praktischen Übungen dazu schon oft begegnet.

Das soll heißen: Nur Auszublenden ist auch keine Lösung. Bestimmte Risiken sind erwartbar, und es ist kein Fehler, sich damit auseinanderzusetzen. Wer mental vorbereitet ist oder mit dem Thema Schiffbruch schon Erfahrung hat, kommt möglicherweise besser wieder auf die Füße. Also, erster Schiffbruch-Kompetenz-Tipp:

**Bereiten Sie sich vor auf die Risiken,
die Ihr eingeschlagener Lebensweg birgt.
Haben Sie einen Plan B, falls etwas schiefgeht?**

Aber jetzt mal angenommen, der Schlag vor den Bug ist da, unsere Überlebenskunst ist gefordert. Auf einmal sind alle diese Gefühle da: Ärger, Schmerz, Zorn, Scham, Angst. Wir erinnern uns: Über Gefühle redet man nicht gern, in der Wirtschaftswelt nicht und sonst auch nicht. Aber genau das ist es, was der Schiffbrüchige jetzt am dringendsten braucht: jemanden, mit dem er über seine Gefühle sprechen kann.

Können Sie sich helfen lassen?

Sich-helfen-lassen-Können ist eine Top-Schiffbruch-Kompetenz. Sie irren, wenn Sie annehmen, das könne doch jeder. Es gibt allerhand Gründe, die Schiffbrüchige hindern, Hilfe anzunehmen: Oberflächlich sind das z.B. Zweifel an der Wirksamkeit und Kompetenz der Hilfe, etwas tiefer betrachtet sind es Furcht vor dem Gesichtsverlust,

(„männlicher'") Stolz, Manschetten vor den Konsequenzen, sich etwa ändern zu sollen. Denn ein Fazit aus dem Schiffbruch sollte sein, dass Sie wissen, wo Ihre Grenzen sind und künftig daran arbeiten, um nicht wieder auf dieselben Klippen zu laufen. Aber darüber sprechen wir später. Erst einmal gilt es, mit den Gefühlen wieder klarzukommen, denn wenn Sie sie unter den Teppich kehren, stolpern Sie bei der späteren Neuorientierung wieder darüber. Suchen Sie sich ein Gegenüber, das Sie schätzen – das kann ein professioneller Coach sein oder ein Freund. Sie werden sehen, das Reden hilft in vieler Hinsicht: Es entlastet, Ihre Gedanken klären sich und außerdem wird Ihr Schiffbruch dabei zu (einer) Geschichte. Er wird Vergangenheit, er wird Ihre Erzählung und dabei kann die Wunde vernarben.

Gemeinsam mit dem Unterstützer können Sie sich dann an die „Aufräumarbeiten" machen. In unserer Vollkasko-Gesellschaft sind die Herausforderungen, die wir mit individuellem Scheitern verbinden, ja vergleichsweise abgedämpft. Kaum einer muss um sein Leben fürchten, es gibt, auch wenn sie beschwerlich sind, viele erprobte Wege, aus dem Tief wieder herauszukommen. Daraus folgt, was ich die „Relativität des Trümmerhaufens" nenne. – Schauen Sie sich den Trümmerhaufen an, auf dem Sie sitzen: Könnte sich die Schwere Ihrer Privat-Katastrophe in Ihrer Einschätzung ändern, wenn Sie etwas Abstand davon nehmen?

Sicher, Distanz können Sie erst gewinnen, wenn Sie den ersten Schock überwunden haben. Das braucht, wie gesagt, Zeit und Unterstützung. Aber nach dieser ersten Erholungsphase gibt es viele Möglichkeiten, mal „von oben" auf den eigenen Trümmerhaufen zu schauen und auszuleuchten, wie es dazu kam. Dabei ist es nützlich, innere und äußere Ursachen für den Schiffbruch zu unterscheiden. Hier ein paar Beispiele zu den unendlich vielen denkbaren inneren Faktoren, die zu einem Schiffbruch führen können: zu viel Perfektionismus, zu wenig Sorgfalt, zu wenig oder zu viel Steuerung, Steuerung ohne Blick auf die äußeren Bedingungen (Eisberg!), Steuerung ohne Blick auf die innere Gemütslage, Steuerung ohne Beachtung der Risiken („Plan B"). Es können auch äußere Bedingungen sein, die zum Schiffbruch führen: unvorhersehbare Entwicklungen auf dem Arbeitsmarkt, im Unternehmen, unvorhersehbare Entwicklungen im privaten Umfeld. Die folgenden Fragen helfen Ihnen bei Ihrer Schadensbilanz:

1. **Schadensbilanz: Wie kam es dazu?**

   Welche Faktoren beim Steuern und welche Witterungsbedingungen haben dazu geführt? Wäre diese Art der Katastrophe künftig durch anderes Steuern vermeidbar? Oder gehört sie zu dem allgemein menschlichen Schiffbruch-Pensum, das jeden treffen kann?

   Stellen Sie fest, welchen Anteil Sie selbst an der Misere haben und wie viel daran den äußeren Bedingungen geschuldet ist.

Wenn Sie diesen Blick auf die Vorgeschichte des Schiffbruchs geworfen haben, geht es darum, wieder in Bewegung zu kommen. Den Blick also erst mal auf das gegenwärtig Vorhandene und dann wieder in die Zukunft zu lenken. Für diese Steuerungsleistung ist die Kunst des Perspektivwechsels elementar wichtig – mehr dazu finden Sie unten im Kapitel über die Sinnfrage. Aber hier erst mal die weitere Schiffbruch-Unterstützung:

2. **Perspektivwechsel 1: Leichtigkeit statt Schwere**

   Stellen Sie sich vor, Sie würden über Ihre Situation einen Witz machen. Ist nicht irgendetwas, für eine Sekunde nur, unglaublich komisch daran? Ich will Ihnen hier kein banales „Nimm' s leicht" zuraunen. Ich will Ihnen auch nicht sagen, Sie brauchen nur etwas Mut, Beweglichkeit und Lebensfreude, um aus Ihrer Krise herauszukommen. Das rufen die Tschacka-Heilsbringer in die moderne Spaßgesellschaft. Aus der ist der Schiffbruch ja sowieso weggelacht. Nein, eigenverantwortliche Lebensführung ist schwer, nicht leicht. Sie ist umso schwerer, wenn man in einem Tief hängt. Aber um da wieder herauszukommen, ist ein Moment der Distanz vom eigenen Elend enorm hilfreich. Ironie oder Witz schafft diese Distanz. In England gehört diese Erkenntnis zum Gebrauchswissen, Selbstironie wird da mit der Muttermilch aufgesogen. Während wir Deutschen im Angeben gut sind, hat man in England das „Understatement" kultiviert, auch eine Form von Perspektivwechsel, die Großes klein und den Umgang mit „Schwere" leicht macht. Eine Bekannte aus England hat einen hervorragenden Weg gefunden, mit peinlichem Schweigen hierzulande umzugehen. Sie erlebte das immer wieder, wenn sie von ihrem Krebs, der Brustamputation und ihrem Umgang mit der Brustprothese sprach. „Ach wissen Sie,“ sagt sie dann, „so schlimm ist das nicht. Ich bin jetzt gesund und außerdem habe ich jetzt habe ich einen sicheren Ort für meine Ersatzschlüssel und einen Notgroschen ...“

Sie haben Ihrem Unterstützer ja schon Ihre Geschichte erzählt – erzählen Sie sie noch mal, diesmal mit Pointe.

3. **Perspektivwechsel 2: Tauschen Sie gedanklich den Platz mit Ihrem Unterstützer**

   Angenommen, Sie wären gar nicht Sie, sondern Ihr Unterstützer oder ein Schiffbruch-Profi, jemand also, der – vielleicht als Coach oder Berater – beruflich mit Krisensituationen zu tun hat. Fragen Sie sich, was ein solcher Berater Ihnen empfehlen würde.

4. **Perspektivwechsel 3: Stellen Sie sich vor, Sie sind ein Schiffbruch-Teile-Sammler, der aus Trümmern neue Flöße oder Boote baut**

   Was ließe sich aus Ihren Trümmern bauen? Was ist weiter nutzbar, was bleibt besser in Zukunft liegen?

5. **Perspektivwechsel 4: Nehmen Sie Kontakt auf mit Schiffbruch-Kompetenten, die ähnliche Erfahrungen haben**

   Gibt es, obwohl dieser Trümmerhaufen der Ihrige und Ihre Privatsache ist, nicht etliche Menschen, die schon auf einem ähnlichen Trümmerberg gesessen haben? Kennen Sie Menschen, die einen Schiffbruch gemeistert haben? Wie haben diese Menschen das gemacht? Können Sie aus der Art, wie diese Menschen aus der Krise kamen, profitieren? Das läuft wohl auf das hinaus, was man landläufig mit die „Krise als Chance begreifen“ meint, obwohl man als Schiffbrüchiger mit solchen Allerweltsvergleichen wenig anfangen will. Man ist der Einzige auf der Welt, der so was erlebt. Stimmt natürlich: Sie sind ein Unikat. Niemand vor Ihnen ist bisher auf genau auf diese Art auf genau diesen Felsen gebrummt. Deshalb sollten Sie sich als weitere Schiffbruchübung die folgende Frage stellen: Was ist das Einzigartige an Ihrem Schiffbruch und worauf können Sie dabei stolz sein?

Sie lachen? Fein, aber meine Anregung ist ernst gemeint. Bettina Klose erzählt von einem verpatzten Bewerbungsgespräch. Wie sie vollkommen von sich überzeugt in die Runde mit Personaler und Firmenchef ging und mit ihrer Selbstdarstellung überhaupt nicht punkten konnte. Wie sie innerlich immer irritierter wurde durch die ausbleibenden und unterkühlten Reaktionen, aber „ihr Ding durchzog". Sie ist stolz darauf, nicht die Nerven verloren zu haben und „erhobenen Hauptes und formvollendet" gegangen zu sein.

Misslungene Bewerbungsgespräche gibt es jede Menge. Aber ihres, sagt sie, hatte Stil. Was will ich Ihnen damit sagen? Dass Sie auch froh sein können über den Mist, den Sie bauen. In Bettina Kloses Fall zeigt er nämlich, dass sie in diesem Firmenklima ohnehin nicht zufrieden geworden wäre. Fragen Sie sich also:

6. **Perspektivwechsel 5:** Was macht diesen Trümmerberg zu Ihrem ganz persönlichen? Inwiefern war es gut, auf diese Klippe zu laufen? Und wie werden sie diese Krise wohl in zehn Jahren sehen?

Scheitern will gekonnt sein. Der Schiffbruch ist eine Erfahrung, die ganz oder teilweise das Dasein im Hamsterrad in Frage stellt und wie kaum eine andere, Wege in die Individualität öffnet. In anderen Worten: Erst nach dem Schiffbruch werden wir zur Persönlichkeit. All das Getue und Herausdeuten von „Losern" ist dummes Geschwätz. Der Grund: Angst vor dem Schiffbruch, Angst davor, mit sich allein zu sein, und jede Menge Bequemlichkeit, denn natürlich verbraucht das unkontrollierte Driften durchs Leben weniger Hirnschmalz. Selber denken und fühlen, das lernt man im Schiffbruch – oder man will es nicht lernen und macht weiter wie zuvor. Auch gut, jedem das Seine, das entscheiden Sie.

Problemlösungskompetenz? Die reicht nicht!

Mittagszeit. Mein Gegenüber, ein Freund und smarter Personalmanager Ende dreißig, plaudert mit mir über einige Ideen zu diesem Buch. Sie scheinen ihm zu gefallen. Er lächelt über seinem Rucola-Salat und wirft mir einen Gedanken-Happen rüber: „Schönes Wort, diese

Schiffbruch-Kompetenz. Klingt so poetisch. Bei uns heißt das einfach „Problemlösungs-Kompetenz.“ So einfach scheint das. Noch Fragen?

Es folgt ein Vortrag darüber, dass die Problemlösefähigkeit eine von der Intelligenz weitgehend unabhängige Disposition sei, die Steuerleistungen in komplexen Szenarien beinhaltete. Aber selbstverständlich, die Aneignung, Verarbeitung und Speicherung des Wissens werde durch Intelligenz gefördert. Es gebe übrigens Computerplanspiele, um diese Fähigkeit bei Führungskräften zu messen. Ein Salatblättchen hat sich verselbständigt, wird aber von der flinken Gabel des Personalers sofort wieder auf den rechten Weg gebracht. Beim Nachtisch habe ich viel über den Wert und die Unterscheidbarkeit von guten und schlechten Problemlösern gelernt. Problemlöser sind es ja, die angeblich in der Wirtschaft gesucht werden. Aber für die Steuerkunst wird mehr gesucht: Die Gleichung Problemlösungskompetenz ist gleich Schiffbruchkompetenz geht nicht auf.

Beispiel

Andreas Junker, Anfang dreißig, hatte eine steile Karriere in einem Wirtschaftsprüfungsunternehmen hinter sich: nach dem Studium der Einstieg als Assistent, dann weiter zum Prüfungsleiter, nach drei Jahren das Steuerberater-Examen, nach weiteren zwei Jahren das Wirtschaftsprüfer-Examen, alles parallel zum Job. Das Privatleben hatte er „abgestellt", sagt er. Arbeiten und Lernen machte Spaß, brachte ihn auf Wolke sieben, wie er es ausdrückte. Nur mit der Zeit merkte er, dass er nervös wurde bei Präsentationen und sich nicht mehr richtig konzentrieren konnte. Die „Lösung des Problems" brachte – kurzfristig – der Hausarzt: Er verschrieb ein konzentrationsförderndes Präparat, Junker nannte es sein „Büro-Viagra". Leistung und Wolke sieben schienen wieder sicher, nur dass die Wolke immer dunkler wurde. Junker kam immer öfter in Stimmungstiefs und suchte auch dafür eine chemische Lösung. Das Ende vom Lied war ein psychischer Zusammenbruch mit Klinikaufenthalt. Dort musste er erst einmal „clean" gemacht werden, was nach langer Medikation mit diesen Präparaten schwierig ist.

Nach einer Studie einer großen deutschen Krankenkasse nehmen vier von zehn Beschäftigten täglich oder mehrmals wöchentlich leistungssteigernde oder stimmungsaufhellende Medikamente ein.

Medikamente sind also eine verbreitete Art der Problemlösung – aber eine, die schleichend in den Schiffbruch führt, wie wir oben gesehen haben.

Es gibt viele andere Beispiele, die zeigen, dass Problemlöser nicht unbedingt auch schiffbruchkompetent sind. Problemlöser mögen gut sein im Analysieren und Überwinden von Hindernissen in betrieblichen Prozessen. Dennoch können sie betriebsblind sein, wenn es um die Bewältigung ihrer eigenen Probleme geht.
Es ist prima, wenn wir Probleme lösen können. Das heißt schon mal, dass wir von unserem Denkapparat Gebrauch machen können. Risiken und Nebenwirkungen dabei sind, dass wir zu viel denken und Schwierigkeiten, auch den eigenen, nur noch strategisch und mechanistisch beikommen. Mit anderen Worten: Wir steuern zu viel, ohne „Fühlung" mit uns selbst.

Diese Fühlung, der Kontakt mit den eigenen Bedürfnissen, stellte sich in Junkers Fall erst in dem Zwangsstopp Klinikaufenthalt ein. Jetzt ist er schiffbruchkompetent, mit anderen Worten, er hat „Lebenswissen". In diesem Päckchen Wissen ist noch eine wichtige Nebenwirkung enthalten, die generell und an Führungspersönlichkeiten besonders schätzenswert ist: Wer schiffbruchkompetent ist, hat auch einen anderen Draht zu seinen Mitmenschen. Die Fühlung für sich selbst hat ein Echo in der Einfühlung für andere. Das zeigt sich vielleicht in der Art, dass man die Bedürfnisse anderer mehr respektiert, oder in der Art, dass man eher in der Lage ist, sich gegen „übergriffige Bedürfnisse anderer" abzugrenzen, nein zu sagen. Sie sehen, so ein Schiffbruch ist eine runde Sache. Nur ein Aspekt fehlt noch für seine vollständige Würdigung:

Schiffbruch, zum Glück!

Nach seinem Zusammenbruch habe er sich die Sinnfrage gestellt, erzählt Andreas Junker. Er habe sich gefragt, ob es für ihn der Sinn des Lebens sein könne, sich für eine Idee von Karriere so fertig zu machen. Ob es denn so wichtig sei, schnell zu sein, und ob er dasselbe Ziel nicht auch langsamer und gesünder hätte erreichen können. Und überhaupt, ob es nicht wichtigere Dinge gebe im Leben, als diese Pseudo-Wichtigkeit im Job, die sowieso irgendwann endet.

Zweiundvierzig, das ist laut Douglas Adams, Autor von „Per Anhalter durch die Galaxis" die Antwort auf die Frage nach allem und dem Sinn des Lebens. Vielleicht ist unser Leben ja wirklich ein großer Mäuseversuch, in dem wir Menschen die Labor-Tiere sind, sagt diese Antwort, absolut sinnfrei.

Menschen sind jedenfalls vermutlich die einzigen Lebewesen, die beharrlich immer wieder diese Frage stellen. Und nicht nur mit „zweiundvierzig" darauf antworten. Es gibt unzählige Antworten auf diese Frage, es lässt sich prächtig darüber streiten. Einig scheint man sich nur zu sein, dass Sinn von uns Sinnsuchern „konstruiert" wird. Ich knüpfe mein Sinngewebe, du deines. Neudeutsch ist ja auch unentwegt vom „Sinn machen" die Rede, ziemlich sinnfrei übrigens, denn Sinn machen kann man nur im Englischen.

Was für mich sinnvoll ist, ist es noch lange nicht für Sie oder meine Kollegen oder Nachbarn. Ich webe mir mit Hilfe bestimmter Vorgaben, die von gesellschaftlichen bis zu familiären und eigenen Ideen reichen, mein Sinngewirk selbst. Im Leben Sinn zu finden, scheint nichts anderes zu sein, als Zusammenhänge festzustellen und sich selbst in sie einzufügen oder auch sie selbst zu gestalten. Diese Zusammenhänge, etwa zwischen meinem Berufsleben und meinem Steuerbescheid, mögen letztlich rätselhaft bleiben, und es wird mir nicht gelingen, diese letzten Merkwürdigkeiten des Lebens zu durchdringen. Aber alles zu verstehen kann ja auch nicht Ziel und Zweck unsrer Sinnknüpf-Kunst sein. Vielmehr geht es darum, das entstehende Maschenwerk beweglich und steuerbar zu halten.

Sie sehen, ich bin wieder bei der Steuerkunst gelandet. Die besteht also unter anderem darin, die Zusammenhänge zwischen den Kräften, die auf mein Boot wirken und dem, was ich daraus machen kann, so auszulegen, dass ich damit gut leben kann.

Anders gesagt: zu leben verstehen, obwohl die Antwort auf alle Fragen möglicherweise zweiundvierzig ist. Oder noch besser, weil das möglicherweise die Antwort ist. Zu leben verstehen bedeutet, in der Lage sein, die Blickrichtung zu ändern, um mit Gegebenheiten, die sich nicht ändern lassen, leben zu können.

Steuerkunst-Tipp: akzeptieren, was nicht zu ändern ist.

Alles eine Frage der Perspektive?

Dass alles eine Frage der Perspektive ist, ist ein alter Hut, ich gebe es zu. Aber Perspektivität aktiv einzusetzen, um Sinn und damit eine lebensbejahende Existenz herzustellen, ist Teil der Schiffbruch-Kompetenz und daher im Gebrauchswissen eher nicht enthalten. Ein Standard-Beispiel für den aktiven Einsatz des Blickrichtungswechsels ist der Umgang mit Stress. Jeder weiß, dass viel davon „selbst gemacht" ist. Die Wahrnehmung von Stressgeplagten ist so fein, dass man sich von Dingen aus der Bahn werfen lässt, die andere gar nicht bemerken.

„Wieso muss eigentlich immer ich nachgeben", fragte mich aufgebracht eine Klientin, der man gerade mehrmals die Vorfahrt genommen hatte. Die Antwort, dass sie mit ihrer Fahrweise vielleicht sicherer unterwegs war, tröstete sie nicht.

Anette Wagner war beruflich oft im Auto unterwegs, hatte meistens Zeitdruck und kam aus dem Fluchen über unnötige Verkehrskomplikationen gar nicht mehr raus. Ihre Sichtweise, dass diese Situationen unnötig seien, mochte zutreffend sein, aber sie erschwerte ihr das Leben. Diese Sichtweise war „selbstgemachter Stress". Ein Perspektivwechsel von „unnötig" zu „dazugehörig" war die Lösung, um diesen Stress loszuwerden, um aktiv auf eine gelassenere Wahrnehmung runterzuschalten. Aber der funktionierte nur, indem die Klientin sich selbst in einer neuen Rolle sah, nämlich in der einer Profi-Fahrerin. Jedes Mal, wenn sie sich an ihr Steuer setzte, war sie jetzt in ihrer Vorstellung eine Taxifahrerin. Sie verdiente ihr Geld mit dem Fahren – lohnte es sich da noch, sich über dreiste Verkehrsteilnehmer aufzuregen? Viel interessanter war es doch jetzt, die besten Routen zu kennen, gut im Fluss zu bleiben und Hindernissen früh auszuweichen. Es war wichtig, schwierige Situationen zu erkennen, bevor sie entstehen, wie man das macht, als Profifahrer. Wichtig war es, Spaß zu haben am Fahren, sich eins zu fühlen mit der Maschine, die man lenkt, und die eigene Aufmerksamkeit anders zu steuern.

Der kleine Trick mit dem Perspektivwechsel hatte eine große Wirkung: Anette Wagner wurde immer ruhiger beim Fahren, schließlich sagte sie lachend, sie könne sich bestens entspannen dabei.

Die Sache hat natürlich auch einen Haken: Der Steuermann ist nämlich verantwortlich für seine Sichtweise der Dinge, er hat die Wahl der Perspektive und damit wieder einmal jede Menge Verantwortung für das eigene Wohlergehen, die man vor dem Runterschalten eher nicht hat. Zudem ist er dafür zuständig, die eigenen Sichtweisen immer wieder zu überprüfen, zu schauen, ob das selbst gestrickte Sinngewebe noch stimmt und noch zukunftstauglich ist. Und außerdem legt das Prinzip der Perspektivität dem Steuermann nahe, den Blickwinkel auf neue Situationen in seine Betrachtung mit einzubeziehen. Erst mit dieser Fähigkeit kann er Neuland ansteuern, erst damit kann er unbekannten Gegebenheiten und Menschen begegnen. Und um Ihrer Frage zuvorzukommen: Die Fähigkeit zum Perspektivenwechsel ist so gesehen die Voraussetzung für die oben erwähnte Einfühlung in andere Menschen. Mit beidem hat man es leichter als Schiffbrucherfahrener – ebenso wie mit der Aufgabe, das eigene Sinngeflecht zu weben. Halten wir also fest:

Nur Ahnungslose kennen den Wert des Schiffbruchs nicht.

Der Wert des Schiffbruchs kann für Sie sein: sich besser steuern zu können, eine neue Qualität in der Beziehung zu Ihren Mitmenschen zu entdecken, Situationen zutreffender einschätzen zu können, Schwierigkeiten besser meistern zu können, Ihren ganz eigenen Sinn des Lebens zu finden.

Stopp – die Sinnfrage!

Schiffbruch, innehalten inklusive Sinnfrage, dieses Szenario haben wir jetzt kennen gelernt. Der Eisberg oder Fels, auf den unser Schiff gekracht ist, war genau auf unserem Kurs, aber wir hatten kein Fernrohr dabei oder wollten dieses Hindernis nicht sehen. Vielleicht atmen Sie auf, wenn Ihnen so ein Eisberg noch nicht begegnet ist oder Sie die Kollision mit Bravour gemeistert haben. In diesem Fall dürfen Sie sich mit Recht schiffbruchkompetent nennen. Aber Entwarnung ist nicht in Sicht – der nächste Eisberg wartet schon, diesmal von innen.

Die Sinnfrage kann sich nämlich auch ohne Schiffbruch im Laufe des Lebens stellen, leise und allmählich. Mit der Zeit wird sie immer lauter, wenn man sie nicht beachtet. Es gibt sogar Phasen im Leben, für die sie sozusagen vorhersehbar ist – so um die Vierzig vielleicht, bei manchen früher, bei anderen später.

Ein Klient hatte eine bemerkenswerte Karriere bei einer Fluggesellschaft durchlaufen. Er war mit Ende dreißig ganz oben angekommen. Das Fliegen, das In-der-Luft-Sein, gehörte zu seinem Alltag, ebenso, dass er mehrere Wohnsitze hatte, zwischen denen er hin- und her jettete. Schnelligkeit im Entscheiden, im Handeln, im Multitasking, war für ihn die einzige Lebensform.

„Ist Ihnen schon mal aufgefallen, wie träge alles wirkt, wenn man im Flugzeug bei 900 Stundenkilometern aus dem Fenster schaut“, fragte er. Die Frage stand stellvertretend für all jene Fragen, die sich ihm immer vernehmlicher stellten: Ist die ganze Raserei noch sinnvoll für mich? Drehe ich mich nicht selbst im Kreis? Wie lange will ich das noch machen?

Die Sinnfrage ist Teil des Programms „Älter-Werden“. Dieses Kollektivprogramm lässt uns irgendwann merken, dass die eigene Lebenszeit begrenzt ist, dass da ein finaler Schiffbruch lauert, auf den wir uns kaum vorbereiten können. Da helfen kein Lifting und kein Viagra, irgendwann ist die Jugendzeit vorbei. Mit der Folge, dass man mit der immer kleiner werdenden Rest-Zeit man noch etwas Eigenes anfangen will. Es kommt der Punkt, an dem man die Sinnfrage jeden Tag hört.

Sie verstummt einfach nicht mehr: Dann will man nicht mehr tun, was alle tun, sondern das, was zu einem persönlich passt. Gemeint ist mit dem „Stopp“ aber nicht die bekannte „Midlifecrisis“ von Männern mittleren Alters, die sich angeblich einen „zweiten Frühling“ herbeisehnen und womöglich Potenzprobleme haben. Klar, es geht auch um die Veränderung der persönlichen Sexualität auf der Schwelle zum Alter, aber nicht nur, und all das gilt auch für Frauen.

Einigen wir uns also darauf, diese Lebensphase einen „Stopp“ zu nennen. Das kann für Frauen und Männer gelten. Ähnlich wie im Schiffbruch kommt man dann momentan überhaupt nicht weiter, auch wenn draußen der Alltag weiter rast. Stillstand herrscht innerlich. Und zwar so lange, bis die Sinnfrage geklärt ist. Möglicherweise geschieht dies auch mehrmals im Leben.

Für uns Steuerleute ist es gut zu wissen, dass sich die Sinnfrage irgendwann stellt. Es ist wichtig zu verstehen, dass das Leben in Phasen abläuft, die auch das Innehalten, den Stopp für die Neuorientierung enthalten.

Diese Phasen können beispielsweise durch unterschiedliche Zielsetzungen oder Entwicklungsstadien geprägt sein. Klassische Phasen sind: Ausbildung, Studium, erster Job, Jobwechsel, Heirat, Familiengründung, Hauskauf – und dann? Fertig und stopp. Es geht aber auch anders: Ausbildung, Studium parallel zum ersten Job, Kaminkarriere im Unternehmen, fertig. Stopp. Oder so: Ausbildung, Jobeinstieg, Fachkarriere, mehrere Jobwechsel, fertig. Stopp. Es gibt viele Wege, zum Stopp zu kommen.

Lebensphasen sind wie Musikstücke gekennzeichnet durch unterschiedliche Tempi, durch den Wechsel unterschiedlicher Lebensgefühle und Energiezustände, durch den Wechsel von Steuern und Driften.

Übung Nr. 1: Meine Drift- und Steuerphasen

Schauen Sie mithilfe der folgenden Tabelle auf Ihr Leben und halten Sie fest, in welchen Phasen Sie selbst gesteuert haben und wann Sie kontrolliert und unkontrolliert gedriftet sind. In welcher/n Phase/n haben Sie sich am wohlsten gefühlt? Welche Phase war am erfolgreichsten für Ihr Berufsleben? Welche war am schönsten für Ihr Privatleben? Oder stimmen diese Phasen überein?

	Gesteuert	Gedriftet	Unkontrolliert gedriftet
Von .... bis			
Von .... bis			
Von .... bis			
Von .... bis			
Von .... bis			

[illegible] ...ten Sie sehen können, welc[illegible] ...ner am nützlichsten war, beziehu[illegible] ... erfolgreichsten waren: beim Driften oder Ste[illegible] ...noch ein neues Ziel fürs Runterschalten suchen, gibt Ihne[illegible] ...se Übung einen wichtigen ersten Hinweis, wohin die Kompassnadel auch in Zukunft ausschlagen kann.

Das Seltsame, wenn Sie im Stopp angekommen sind, ist: Sie merken, dass sich Ihre Werte irgendwie verändert haben. Was Ihnen noch vor ein paar Jahren wichtig war, ist es jetzt nicht mehr. Allerdings passt Ihr Leben nicht mehr dazu. Innerlich sind Sie schon jenseits des Stopps, aber Ihr Leben läuft noch in den alten Bahnen vor dem Stopp. Als Steuermann sollten Sie also jetzt Ihren Lebenskurs an die neuen inneren Werte anpassen.

Wenn Sie herausfinden wollen, ob Sie sich in der Phase vor oder nach dem Stopp befinden, können Sie diesen Test machen: Fragen Sie sich, was auf der folgenden Liste, die ich meinem Kollegen Peter Gester verdanke, für Sie wichtig ist. Markieren Sie diese Punkte Werte mit einem Häkchen. Die Auflösung folgt unten.

Übung Nr. 2: Die Werte meiner jetzigen Lebensphase

	✓		✓
Entschleunigung	☐	Beschleunigung	☐
Dauerleistung	☐	Spitzenleistung	☐
Abregen	☐	Aufregen	☐
Enthalten	☐	Einmischen	☐
Innenwelt	☐	Außenwelt	☐
Akzeptierend	☐	Bekämpfend	☐
Selbst als Maßstab	☐	Kontext als Maßstab	☐

Haben Sie überwiegend Werte auf der rechten Seite der Tabelle markiert? Dann liegt der Stopp noch vor Ihnen. Wenn Sie dagegen die meisten Häkchen auf der linken Seite haben: Herzlich willkommen im Stopp oder in der Phase danach!

Für den Ausrüstungs-Check an Bord Ihres Lebensschiffs können Sie also jetzt festhalten, in welcher Kollektiv-Lebensphase Sie sich momentan befinden: vor oder nach dem Stopp. Und Sie ahnen es: Die Zeit nach dem Stopp ist ideal geeignet fürs Runterschalten, ja sie fordert geradezu eine Konzentration auf das Wesentliche.

Machen wir hier auch mal einen Stopp. Wie weit sind Sie jetzt mit Ihrem Ausrüstungs-Check?

Übung Nr. 3: Zwischenstopp

- Haben Sie sich inzwischen einen Überblick über Ihre Steuerkunst verschafft?
- Haben Sie in Ihrem Leben abwechselnd gedriftet und gesteuert oder nur eins von beiden?
- Wenn Sie jetzt eine Kursänderung einleiten, können Sie sich dann auf Ihre Steuerkünste verlassen?
- Ist Ihre momentane Lebensphase gut geeignet zum Steuern? Das heißt, sind die für die Zielerreichung nötigen Rahmenbedingungen weitgehend unter Ihrer Kontrolle?
- Sind Sie schiffbruchkompetent oder hat die Sinnfrage Sie zu diesem Buch greifen lassen? Beide Motivationen sind ein guter Antrieb für Veränderungen. Nur kann es sein, dass Sie nach einem Schiffbruch eine größere Erholungs- oder Verarbeitungsphase brauchen, bevor Sie mit dem Verändern anfangen

Welche Ausrüstung haben Sie an Bord?

Nachdem Sie gerade die Fähigkeiten kennen gelernt haben, die wir alle brauchen, um das Runterschalten oder die Kursänderung in unserem Leben anzupacken, geht es nun es um Sie persönlich, um Ihr ganz eigenes Lebensschiff und das, was Sie damit vorhaben.

Um Ihrem individuellen Ziel näher zu kommen, bekommen Sie in diesem Abschnitt eine Menge Übungen und Checklisten angeboten. Auf einzelne Übungen können Sie vielleicht verzichten, weil sich „Ihr Steuermann“ selbst schon gut kennt.

Entscheiden Sie selbst, welche der angebotenen Übungen und Fragen Sie bearbeiten wollen, um Ihre Ausrüstung für das Runterschalten zu überprüfen. Und wie gesagt, nicht jede Übung bietet eine „Auflösung“ oder Handlungsanweisung – Sie sind der Steuermann, Sie können die Ergebnisse am besten selbst interpretieren. Ist der Auslöser für Ihren Wunsch, runter zu schalten, Ihr tagtäglicher Stress? Sie erinnern sich: Wenn Sie Ihr Innen und Außen in Einklang bringen, werden Sie automatisch weniger Stress erleben. Aber bevor Sie sich neue Ziele setzen, sollten Sie klären, wie viel Stress und Arbeit Sie haben und künftig brauchen. Deshalb beginnt die Inventur an Bord mit einer Überprüfung Ihrer gegenwärtigen Belastungen.

Von Mammutherden und ähnlichem Stress

Mit dem Stress ist das eine ganz persönliche Sache. Nur der sogenannte Negativ-Stress gehört zu dem Ballast, den Sie beim Runterschalten vermindern sollten. Er schadet Ihnen gesundheitlich, während Positiv-Stress Sie zu Leistungen befähigt und hellwach macht. Was Sie allerdings als belastend empfinden, ist ganz Ihre Sache. Und obendrein hängt es mit Ihrem neuen Ziel zusammen, wie viel Stress Sie künftig haben und ob Sie ihn als positiv oder negativ empfinden.

Stress nehmen wir also persönlich. Vielleicht bedeutet schon die Idee, auf dem Weg zum Runterschalten relativ viel selbst zu steuern und sich mit Checklisten und Reflexionsfragen über die eigenen Bedürfnisse klar zu werden, für Sie Stress. Das wäre ein Signal dafür, dass Sie bisher überwiegend als Drifter unterwegs waren und sich unwohl fühlen, wenn Sie selbst steuern sollen. Vielleicht ist aber auch die Vorstellung, plötzlich viel Zeit zur eigenen Verfügung zu haben, ein Stressauslöser. Oder ist es die Konkurrenz am Arbeitsplatz oder vielleicht die abendliche Parkplatzsuche?

Es gibt so viele unterschiedliche Stressoren wie Menschen, aber eine durchaus übersichtliche Menge an Möglichkeiten, den Stress zu bekämpfen: mit kurzfristigen Maßnahmen zur Erleichterung oder mit langfristigen Mitteln – letztere zielen entweder auf eine Veränderung der Stresssituation (Ihr neues Ziel!) oder auf eine Wahrnehmungs- oder Perspektivveränderung bei Ihnen selbst. All das braucht Fertigkeiten Ihres Steuermanns, die situationsbedingt allerdings nicht mehr erwartbar sind. Die Wahrnehmung des inneren Navigators ist unter Stress stark eingeengt, er wird zum „Notfall-Drifter“, denn jetzt übernimmt ein Programm die Kontrolle, das aus der Steinzeit stammt: Eine Herde Mammuts naht, und blitzschnell stellt der Körper Energien bereit, um entweder zu fliehen oder zu kämpfen. Unter Echtzeit-

Bedingungen nahen vielleicht hunderte von E-Mails – Flucht und Kampf sind in der stressauslösenden Situation nicht möglich. Die unter Stress produzierten Energien werden bestenfalls irgendwann später abgebaut oder eben gar nicht und fangen an, Ihnen zu schaden.

Obwohl es Patentrezepte gegen Stress nicht gibt, wissen wir alle, wie es geht: Mehr Bewegung und Entspannung, das hilft, kostet allerdings Zeit. Bewegung unterstützt den Abbau der „Stresshormone". Und zum Thema Entspannung wissen wir inzwischen: Meditation ist besonders effektiv, auch wenn Echtzeit-Menschen da die Stirn runzeln mögen und Räucherstäbchen-Esoterik vermuten.

Meditation hilft. Mit Versuchen im Kernspintomografen haben Neurowissenschaftler nachgewiesen, dass Meditation als einzige Methode nach drei Monaten regelmäßiger Anwendung stressbedingte Schäden im Gehirn beheben kann. Dazu muss man kein buddhistischer Mönch sein, wie die Frankfurter Psychologin und Yogalehrerin Britta Hölzel in ihrer Doktorarbeit belegt hat: Auch wer noch nie zuvor meditiert hat, kann Stress mit Meditation nachweislich abbauen. Ein Ausweg aus der Stressfalle, der mit vergleichsweise geringem Aufwand – nur etwas Zeit und Meditieren lernen – verbunden ist.

Wenn Sie abgesehen von Bewegung und Meditation etwas gegen Ihren Stress tun wollen, kommt es darauf an, Ihre ganz eigenen Stressoren zu erkennen. Dazu kann Ihnen das Stress-Barometer Unterstützung bieten. Inwieweit kommt der Stress von außen und inwieweit tragen Sie selbst zu der Interpretation „Das ist Stress" bei?

Möglichkeiten zur Stressbewältigung

Ein Programm zur Bewältigung von Stress muss immer individuell sein, deshalb hier nur ein paar allgemeine Tipps in diese Richtung:

Langfristige Veränderung:

- Analysieren, was den Stress auslöst
- Stress ausschalten, Problemlösung
- Stress reduzieren, z.B. durch Zeitmanagement, Delegieren
- Stress vermeiden
- Meditation, Bewegung, Entspannung

- Einstellungsänderung, Perspektivänderung
- Zufriedenheitserlebnisse

Kurzfristige Veränderung:
- Spontane Entspannung
- Perspektiv-Änderung, Wahrnehmungslenkung
- Kontrollierte Abreaktion

Übung Nr. 4:
Stress-Barometer: Wie viel und welchen Druck möchte ich loswerden?

Um zu messen, wie viel Druck Sie loswerden wollen oder können, wartet hier ein Stress-Barometer auf Sie. Aber eine Warnung vorweg: Wenn Stress Ihr Lebenselexier ist, wird die ganze Fragerei nichts nutzen. Dann sind Sie ein „Workaholic" und können mit gut gemeinten Fragen und Programmen zur Stressreduktion nicht viel anfangen. Sie können das später testen. Dann hilft, das hatten wir ja schon festgestellt, nur der Schiffbruch – Ihr Steuermann wird nicht mehr nützlich sein.

1. Fragen Sie sich als Erstes, was – einmal abgesehen von Ihrer Geschäftigkeit – an Ihnen liebens- und schätzenswert ist? Wofür kann man Sie gern haben, wenn der ganze Stress oder Teile davon weg sind? Wer oder was sind Sie ohne Stress?

Ein Klient formulierte das folgendermaßen: „Ich kann gut mit Menschen umgehen und lache gern, auch über mich selbst. Meine Familie mag das, besonders meine Frau. Die Kollegen aber auch. Karriere, das interessiert mich nicht mehr. Eines Tages kam ich aus dem Urlaub zurück und hatte den Titel „Direktor“. Ist mir ehrlich gesagt egal. Ich möchte nur einfach meinen Job ordentlich machen und dafür in ein paar Jahren erinnert werden. Durchschnittlich gut sein, das reicht mir.“

2. Welche Formen der Anerkennung (und von wem) bringt Ihnen der Stress momentan, auf die Sie sonst verzichten müssten? Welche sonstigen Vorteile hat dieses Stressleben? Würden Sie zum Beispiel Ihre Freunde wirklich gern öfter sehen oder ist Ihre „Zeitnot" nur ein guter Vorwand?

3. Nehmen wir mal an, Sie könnten den Stress portionsweise loswerden. Wie groß wäre Ihre Portion? Ein Drittel vom Ganzen, zwei Drittel oder alles?

4. Wie viel davon hätte mit Ihrer Arbeit zu tun, wie viel mit anderen Anforderungen?

5. Was genau löst bei Ihnen Stress aus? Machen Sie eine Liste von typischen Situationen und beschreiben Sie Ihre Reaktionen darauf.

6. Was an dem Stress bei der Arbeit lässt sich vermindern, indem Sie
   - Ihr Zeitmanagement optimieren
   - mehr delegieren
   - bestimmte „Arbeits-Angebote" ablehnen oder neu verhandeln
   - an Ihrer Stress-Wahrnehmung perspektivisch arbeiten
   - Entspannungsformen erlernen oder mehr Sport machen?

7. Wenn sich gar nichts ändern ließe, wäre ein Jobwechsel die Lösung?

8. Was an dem Stress in Bezug auf andere Anforderungen lässt sich vermindern?

9. Wenn Sie Ihre Portion Stress also verpacken und über Bord werfen könnten, was würden Sie mit der gewonnenen Zeit tun?

Nach Abschluss dieser Übung sollten Sie wissen, welcher Art von Stress Sie sich ausgesetzt fühlen, und welche Ansätze zur Bewältigung es geben könnte.

Workaholic-Barometer: Wie viel Arbeit brauchen Sie?

Nach den Fragen des Stress-Barometers kommt jetzt auch noch ein „Workaholic-Barometer"? Was soll der ganze Stress?

Der Grund ist einfach: Sie haben geklärt, inwieweit Sie an Stress leiden und welchen Stress Sie loswerden könnten. Aber vielleicht haben Sie ja festgestellt, dass die vorgeschlagenen Methoden aus verschiedenen Gründen „nicht funktionieren". Die verschiedenen Gründe lassen sich in kurzen Worten zusammenfassen: keine Zeit für so was! Der Stress hängt also nicht nur an Ihnen, sondern Sie auch an ihm.

Hier geht es darum, zu klären, wie viel von diesem Stress möglicherweise mit Ihrer Arbeitsauffassung zusammenhängt: Ist Arbeit für Ihr Selbstverständnis elementar?

Im allgemeinen Sprachgebrauch spricht man scherzhaft von Workaholics wie von Schokaholics – Menschen, die eben gern und viel arbeiten, und Menschen, die gern und viel Schokolade essen. Verzeihlich, alles beides, denken viele.

Viel zu arbeiten wird in unsrer Echtzeitwelt gern gesehen und erntet Anerkennung, das haben wir schon mehrmals festgestellt. Es gibt Forscher, die behaupten, dass Arbeitssucht in Industriegesellschaften längst ein Massenphänomen ist. Im Unterschied zu anderen Abhängigkeiten ist Arbeitssucht jedoch eine, die nicht nur akzeptiert, sondern sogar bewundert wird.

Genau darin liegt das Verhängnis. Wenn Sie Stressbetroffener sind, bemerken Sie möglicherweise noch, dass Stress Ihnen schadet. Als Workaholic merken Sie das nicht mehr.

Beispiel:

Susanne Esser ist als Quereinsteigerin in die Personalentwicklung gekommen. Sie hat BWL studiert und hatte im Studium einen anderen Schwerpunkt. Aber die Arbeit macht ihr Freude, obwohl sie den Eindruck hat, sich immer wieder „beweisen" zu müssen: Die eigentliche Qualifikation für die Arbeit fehlt ihr, meint sie, sie hat sich vieles in Weiterbildungen erarbeitet und nachträglich „drauf-geschafft". Es ist längst zu ihrer Gewohnheit geworden, sich Arbeit mit nach Hause zu nehmen. Eigentlich spielt sie gern Klavier und ist sportlich, aber in letzter Zeit „kommt sie zu nichts mehr". Auch ihr Mann sieht sie nur noch selten, und wenn, dann am heimischen Schreibtisch sitzend. Was recht harmlos anfing – Einladungen zu Freunden wurden ausgeschlagen, Urlaube verschoben – verfestigt sich immer mehr. Das gesamte Privatleben ist jetzt Arbeit. Susanne hat aufgehört, zu „delegieren" – sie meint, nur ihrer eigenen Arbeit vertrauen zu können, sie bezeichnet sich als „Perfektionistin". Auch wenn man ihr neue Projekte anträgt, sagt sie nicht „nein", sie will alles machen, aber was wirklich wichtig ist, weiß sie nicht mehr so genau. Der Druck steigt, immer mehr wird nicht erledigt, sie schiebt es vor sich her.

Freunde hat sie nicht mehr, und dass ihr Mann entnervt ist, weil sie nichts mehr gemeinsam unternehmen, versteht sie nicht. Er habe kein Verständnis für eine Frau, die viel arbeitet, wirft sie ihm vor. Das Privatleben ist ihr nicht mehr wichtig. Allerdings merkt sie, dass sie nachts nicht mehr abschalten kann – sie liegt oft lange wach und ist in Gedanken schon beim nächsten Tag. Sie wälzt innerbetriebliche Probleme. Immer häufiger hat sie Schwierigkeiten, sich zu konzentrieren, Namen zu erinnern, was ihr peinlich ist, schließlich sind Namen im Personalmanagement das A und O. Sie hat auch extreme Stimmungsschwankungen, die mit Erfolgen oder ausbleibenden Erfolgen einhergehen. Mal ist sie himmelhoch jauchzend, mal zu Tode betrübt. Die Schmerzen in der Brust nimmt sie als störend, aber nicht als gefährlich wahr. Bis es sie umhaut: Herzinfarkt mit 39.

Susanne Esser hat gearbeitet bis zum Umfallen. Warum? Arbeitssüchtige Menschen definieren sich über die Arbeit. Ihr Selbstvertrauen und ihre Selbstbestätigung entstehen durch die Arbeit. Aber wie jeder Süchtige verlangte sie ständig nach mehr – ihre Erfolgserlebnisse reichten nicht mehr, die Arbeitsdosis musste ständig erhöht werden.

Sind Sie ein Workaholic oder kurz davor, einer zu werden? Überprüfen Sie das mit den folgenden Fragen.

Übung Nr. 5: Workaholic-Barometer

		Ja	Nein
1.	Arbeiten Sie oft bis zur völligen Erschöpfung?		
2.	Nehmen Sie sich Arbeit mit nach Hause oder in den Urlaub?		
3.	Ist Ihnen die Arbeit wichtiger als Familie und Freunde?		
4.	Machen Sie sich oft Sorgen um die Zukunft, auch wenn momentan alles gut geht?		
5.	Fehlt Ihnen das Verständnis für Menschen, die neben der Arbeit noch andere Inhalte haben?		
6.	Bremst Sie Ihr Anspruch, perfekt zu sein?		
7.	Fällt es Ihnen schwer, sich zu konzentrieren?		
8.	Lehnen Sie Einladungen mit der Begründung „zu viel Arbeit" ab?		
9.	Fehlt Ihnen ein innerer Steuermann, der „nein" zu Überlastungen sagt?		
10.	Verzetteln Sie sich, finden Sie es schwer, Prioritäten zu setzen?		
11.	Leiden Sie, je nach Erfolg bei der Arbeit, unter großen Stimmungsschwankungen?		
12.	Arbeiten Sie regelmäßig mehr als 40 Stunden wöchentlich?		
13.	Finden Sie es in Ordnung, lange zu arbeiten, solange man gern arbeitet?		
14.	Trauen Sie sich nicht, über Ihre Probleme, die Arbeit zu bewältigen, zu reden?		
15.	Haben Sie Schlafstörungen?		
16.	Nehmen Sie „Mittelchen" zur Leistungssteigerung?		

Falls Sie mehr als vier Fragen mit „ja“ beantworten, sind Sie wahrscheinlich von der Arbeitssucht betroffen. Wenn Sie keinen Zusammenbruch erleben wollen, sollten Sie rasch therapeutische und ärztliche Hilfe suchen. Falls dem so ist, hat das nachfolgende Programm für Sie jetzt erst mal Pause, bis es Ihnen gesundheitlich wieder gut geht.

Inventur: Zeit, sich Zeit zu nehmen

Sie machen weiter mit der Inventur? Gut, dann ist der Stress in Ihrem Leben zu bewältigen und Sie haben genug Energien, um zu klären, welchen neuen Kurs Sie zum Runterschalten einschlagen wollen.

Bevor Sie mit Ihrem Leben zu neuen Ufern aufbrechen, nehmen Sie sich Zeit für die Bestandsaufnahme – wettern Sie ab, wie oben vorgeschlagen, machen Sie Pause, geben Sie sich selbst oberste Priorität. Das heißt nicht nur, hier Checklisten zu bearbeiten, sondern auch grundsätzlich innezuhalten, vielleicht eine Auszeit zu nehmen und Distanz vom Alltag zu gewinnen. Warum? Damit Sie ohne Druck herausfinden können, was Ihnen wirklich wichtig ist.

Was tun Sie, wenn Sie keine Zeit für eine Auszeit haben? Dann geben Sie sich auf dem Workaholic-Barometer noch mal zehn Punkte. Aber abgesehen davon: Diese Checklisten sollen bei Ihnen keinen Stress auslösen. Sie sollen Ihnen ein paar Aha-Erlebnisse vermitteln und Spaß machen. Wenn Sie also nur abends mal eine halbe Stunde oder am Wochenende etwas mehr Zeit haben, ist das für den Moment auch in Ordnung. Dann portionieren Sie die Fragen eben in „mundgerechte Stückchen". Ziele kann man auch langsam erreichen, und auch beim Navigieren durch diese Checklisten sind Sie Ihr eigener Steuermann! Der Einstiegsfaktor für Ihre Inventur ist also Zeit. Entsprechend ist das erste Thema hier Ihr Umgang mit der Zeit.

Manche Fragen sind bestimmt schnell beantwortet, andere brauchen länger, vielleicht bleiben auch ein paar Fragen offen. Offene Fragen sind prima, nur sollten sie nicht verlorengehen. Vielleicht können Sie sie sammeln und sich fragen, warum es so schwierig ist, sie zu beantworten. Am besten ist es sowieso, Sie halten Ihre Antworten schriftlich mit Datum fest. Wenn Sie diese Reflexionsübung nach Ihrer Kursänderung wiederholen, sehen Sie, welche Akzente sich in Ihrem Umgang mit der Zeit verschoben haben.

Übung Nr. 6: Mein Umgang mit Zeit

1. Was bedeutet für Sie der Satz: „Ich kann nicht auf Probe leben?"

2. Wie haben Sie den Tag heute vor einer Woche verbracht?

3. In welchem Tempo leben Sie?

4. Wie oft am Tag nehmen Sie sich Zeit, um nachzudenken?

5. Worüber denken Sie dann nach?

6. Womit verbringen Sie überwiegend Ihre Zeit?

7. Gibt es etwas, womit Sie Ihre Zeit lieber verbringen würden?

8. Was hindert Sie, Ihre Zeit auf diese Art zu verbringen?

9. Falls Sie abends fernsehen: Was würde sich in Ihrem Leben ändern, wenn Sie aufs Fernsehen verzichten würden?

10. Wie oft sehen Sie Ihre Freunde/Familie/Menschen, die Sie mögen?

11. Wann haben Sie zuletzt einen Tag verbummelt?

12. Wie viel Lebenszeit haben Sie wohl noch?

13. Angenommen, Ihr Leben würde als Buch erscheinen, welchen Titel hätte es?

14. Wie würden die bisherigen Kapitel heißen?

15. Gab es eine „Norm-Karriere" in Ihrem Leben?

16. Wie würden Sie Ihre jetzige Lebensphase benennen?

17. Welche Lebensphasen/Kapitel sehen Sie in Zukunft auf sich zukommen?

19. Ziehen Sie ein Fazit aus Ihrer Beschäftigung mit diesen Fragen: Was in Ihrem Umgang mit der Zeit ist gut, was möchten Sie ändern?

Vor dem Anker lichten: Unterstützer sammeln

Sie liegen immer noch vor Anker, die Inventur an Bord hat gerade erst begonnen. Jetzt geht es um folgende Fragen:

- Wer zieht mit Ihnen an einem Strang?
- Wer unterstützt Sie auf Ihrem Weg zu neuen Zielen?

Benennen Sie die Menschen, die Sie auf Ihrem Weg zu neuen Zielen mit an Bord nehmen wollen. Pflegen Sie den Austausch mit ihnen und überprüfen Sie, ob Ihre Ziele vereinbar sind. Das folgende Beispiel zeigt, was sonst schiefgehen kann:

Beispiel

Klaus Mittler arbeitet in einer gut dotierten Position in einem Versicherungsunternehmen. Er ist Mitte dreißig, verheiratet und besitzt eine eigene Doppelhaushälfte, die abbezahlt werden will. Er ist seit sechs Jahren im Unternehmen, immer im gleichen Job. Fast genauso lang wird ihm ein Karriereschritt nach oben versprochen. Inzwischen traut er den Versprechungen nicht mehr. „Ich kann auf meiner Position alt und grau werden", sagt er, „aber will ich das?" Die Sinnfrage hat sich gestellt. Er hat von verschiedenen Headhuntern Angebote bekommen. Allerdings ist er „sicherheitsbewusst", sagt er, drum will er die Vor-, und Nachteile genau abwägen. Die Abwägung ergibt, dass die drei Angebote, die er hat, durchaus reizvoll sind und ihm offenbar Entwicklungsmöglichkeiten bieten. Aber wer garantiert ihm, dass es ihm an der neuen Position nicht wieder so geht wie an der jetzigen? Sein „Sicherheitsgefühl" lässt ihn zögern. Dieses Gefühl bekommt von einer Seite Aufwind, mit der er nicht gerechnet hatte: Seine Frau „bremst", sie unterstützt aus verschiedenen Gründen seinen Wechselwunsch nicht. Er hatte zu Anfang seiner Abwägungen die Unterstützung seiner Frau stillschweigend vorausgesetzt und sie nicht über seine Absichten informiert. Sie stellt ihn vor die Wahl: Jobwechsel und Ende der Ehe oder Bleiben und Weiterführen der Beziehung.

Ruckzuck ist so aus der Sinnfrage ein Schiffbruch geworden. Die Fragen, die jetzt auf ihn einstürmen, haben kaum mehr mit dem passenden Job zu tun. Zugegeben, das ist ein extremer Fall, aber er ist hilfreich in Bezug auf den letzten Selbst-Steuerungs-Tipp:

Nehmen Sie die Menschen, an denen Ihnen liegt, rechtzeitig mit ins Boot.

Ihr Veränderungswunsch wird nicht nur Auswirkungen auf Sie haben, sondern auch auf Ihre Umwelt. Vielleicht müssen Sie dafür Seiten in Ihnen aktivieren, die Ihre Lieben bisher kaum kennen, oder Sie müssen umziehen, einen Kredit aufnehmen, viel mehr arbeiten. Loten Sie vorher aus, wer mit Ihnen an einem Strang zieht und diese Veränderungen mitträgt.

Haupt-, und Nebenrollen zu vergeben!

„Ich komme mir vor wie im falschen Film" – diesen Satz höre ich oft von Klienten, die runterschalten wollen. Einer der Gründe dafür ist, dass sie sich dabei ertappen, Rollen im täglichen Leben zu haben, Aufgaben anzunehmen, die sie eigentlich gar nicht wollen. Ein Geschäftsführer beschrieb das so: „Alle sehen mich als Chef. Ich habe aber Zweifel an meinem Führungstalent. Und ich kann doch nicht meine Sekretärin fragen, wie ich denn so als Vorgesetzter bin!"

Nicht jede Rolle passt, aber viele Rollen sind auch genau stimmig. Überlegen Sie, welche Rollen Sie momentan haben. Wenn Sie das schwierig finden, ändern Sie mal den Blickwinkel auf sich – wie sehen Ihre Familie, Ihre Freunde, Ihre Arbeitskollegen und Vorgesetzten Sie? Mit welchen Aufträgen treten sie an Sie heran? Welche Funktion haben Sie gegenüber diesen Mitmenschen?

Beispiel für das Rolleninventar einer 36-jährigen Prozessmanagerin:

- Private Rollen:
  Tochter, Nichte, Schwester, schwarzes Schaf der Familie, Single auf Partnersuche, beste Freundin, Beraterin, Ulknudel, Laiendarstellerin, Gastgeberin, Köchin, Vertraute.
- Berufliche Rollen:
  Vorgesetzte, Problemlöserin, Problemverursacherin, Konfliktmanagerin, Beraterin, Ansprechpartnerin für Kunden, Motivatorin, Expertin, Blitzableiter für Vorgesetze, Schlichterin.

Übung Nr. 7: Mein Rolleninventar

Stellen Sie nun einmal Ihr Rolleninventar zusammen und fragen Sie sich danach, welche Rollen für Sie hundertprozentig stimmen und welche weniger. Füllen Sie manche Rollen sowohl privat als auch beruflich aus? Gibt es Rollen, auf die Sie am liebsten ganz verzichten würden? Können Sie daran ohne ein Attentat auf die Rollengeber etwas ändern oder heißt die Devise „aushalten und akzeptieren"?

Bei welchen Rollen haben Sie in der Gestaltung Spielraum und bei welchen nicht? In welchem Rollenverhältnis können bzw. wollen Sie „runterschalten" auf das für Sie Wesentliche und in welchem nicht?

Auf den Punkt gebracht: Ihre beruflichen Stärken

Sie wollen beruflich nicht aussteigen, sondern runterschalten. Ihre beruflichen Fähigkeiten bleiben also zentral. Fragen wir zunächst danach, was Sie an Bord haben, wenn Sie sich zu neuen Zielen aufmachen? Ihre Selbst-Inventur beruht auf vier Fragen:

- Wer bin ich?
- Was kann ich?
- Was brauche ich?
- Was will ich?

Damit Sie diese Fragen beantworten können, schlage ich Ihnen hier eine von vielen möglichen Vorgehensweisen vor. Machen Sie sich über die folgenden Themen Gedanken und bringen Sie sie stichwortartig und systematisch zu Papier. Das Endprodukt wird eine Kompetenz-Matrix sein. Aber bitte beachten Sie: Alle Ihre Antworten sind eine Moment-Aufnahme aus Ihrem eigenen Blickwinkel. Wenn Sie diese Selbsteinschätzung zu einem anderen Zeitpunkt oder in anderer Stimmung wiederholen, werden Sie andere Ergebnisse erzielen.

Ihre Fachkompetenzen

Sammeln Sie hier Ihre praktischen und beruflichen Kenntnisse aus folgenden Feldern: Ausbildung, Studium, Praktika, Weiterbildung, Berufstätigkeit, Auslandsaufenthalte, Nebentätigkeiten, Ehrenamt, private Tätigkeiten, Hobbys. Ein aktueller Lebenslauf kann hilfreich sein, aber diese Gebiete gehen, wie Sie sehen, über die Standardinhalte eines Lebenslaufs hinaus. Sie wollen mit dieser Übung auch keinen Personalverantwortlichen von sich überzeugen. Sie wollen für sich selbst eine aufrichtige und möglichst umfassende Inventur Ihrer momentanen Fähigkeiten und Fertigkeiten schaffen. Anders als im nächsten Teil über Ihre Kernkompetenzen warten hier keine fertigen Vorgaben auf Sie, sondern nur ein paar Anregungen, wie und wo Sie suchen können. Jeder Mensch hat schließlich andere Fachkompetenzen. Außerdem, Sie wissen ja: Selbst denken schadet nicht...

Übung Nr. 8: Meine Fachkompetenzen

Orientieren Sie sich an folgenden Anregungen für die Zusammenstellung Ihrer praktischen und beruflichen Kenntnisse, also Ihrer Fachkompetenzen:

- Grundlagen- und Fachwissen, das ich anwenden kann.

- Wissenschaftliche oder andere Methoden, die ich kenne.

- IT- oder sonstiges Fachwissen, das ich habe.

Wissen über Problemlösungsmöglichkeiten

- Interdisziplinäres Denken, das ich einsetzen kann.

- Handwerkliche oder künstlerische Fertigkeiten

- Fremdsprachen

- Welche erworbenen fachlichen Qualifikationen machen mir Freude?

- In welchen Projekten habe ich erfolgreich mitgearbeitet? Welche habe ich eigenständig bearbeitet? Welche Fähigkeiten habe ich dabei trainiert?

- Welche Fertigkeiten habe ich in meinem Privatleben, die beruflich kaum zum Zug kommen?

Die gesammelten Kenntnisse und Fertigkeiten bewerten Sie bitte je nachdem, ob Sie darin eine große, mittlere oder eine Einsteiger-Kompetenz haben. Tragen Sie Ihre Fachkompetenzen dann in die am Ende dieser Übung abgebildete Matrix (Übung Nr. 10, siehe Seite 102) ein.

Ihre Kern-Kompetenzen

Dieser Teil Ihrer Persönlichkeit wird auch „Soft Skills“ genannt, denn gegenüber den oben gesammelten „Hard Skills“ sind sie schwer messbar und teils auch von der Tagesform abhängig. Dabei geht es etwa darum, wie extro- oder introvertiert Sie sind, wie leistungsorientiert und wie entscheidungsfreudig. Wir betrachten hier Ihre „Haben“-Seite. Wenn Sie meinen, dass einer der Punkte zu Ihren Schwächen gehört, markieren Sie ihn bitte mit einem Minus-Zeichen. Diese „Minus-Bereiche“ sammeln Sie später gesondert ein. Ziel dieser Übung ist es, Ihre oben begonnene Matrix der Kompetenzen mit Ihren „Soft Skills“ zu vervollständigen. Priorisieren Sie deshalb jeden der erwähnten Punkte wieder: drei Punkte für große Kompetenz, zwei Punkte für mittlere und einen für Einsteiger-Kompetenz. Anschließend tragen Sie die Ergebnisse in die entsprechende Spalte Ihrer Kompetenz-Matrix ein.

Aber was, wenn Sie bei der Bewertung der Eigenschaften schwanken? Halten Sie diese „Unsicherheitskandidaten“ fest, denn auch Ihr Schwanken ist eine wertvolle Information. Vielleicht kommt es bei diesen Eigenschaften auf bestimmte Gegebenheiten an – ob Sie ausgeschlafen sind, ob Sie Ihr Gegenüber sympathisch finden, ob Sie gut gelaunt oder wütend sind ..., da ist vieles denkbar. Wenn Sie mögen, notieren Sie, unter welchen Bedingungen diese Faktoren für Sie schlecht einschätzbar sind. Sie können dann versuchen, durch kleine Veränderungen der Bedingungen und eventuell Ihrer Einstellung schrittweise mehr „Sicherheit“ zu empfinden.

Übung Nr. 9: Meine Kernkompetenzen

A: Wie selbstständig bin ich?

Ich bin ...

Eigenschaft	Punktzahl	Minus	Kommt darauf an ...
Selbstbewusst			
Verantwortungsbewusst für mich und andere			
Gut im Selbstnavigieren			
Kritikfähig			
Selbstbeherrscht			
Ideenreich			
Tolerant			
Zuverlässig			
Unerschrocken			
Unabhängig			

B: Wie bin ich in der Kommunikation mit anderen?

Ich bin ...

Eigenschaft	Punktzahl	Minus	Kommt darauf an ...
Anpassungsbereit			
Bereit, zuzuhören			
Kontaktfähig			
Gern in Teams			
Kooperationsbereit			
Taktvoll/diplomatisch			
Geschickt in Verhandlungen			
Stark im mündlichen Ausdruck			
Fähig, andere zu motivieren			
Fähig, andere zu überzeugen			
Fähig, mit Widerstand umzugehen			
Weitgehend vorurteilsfrei			
Stark im schriftlichen Ausdruck			
Fähig, Feedback nach den anerkannten Regeln zu geben*			
Kompromissbereit			
Fähig, die Bedürfnisse anderer zu erkennen			
Humorvoll			
Bereit, andere ausreden zu lassen			
Im Streitfall meist ruhig und sachlich			

*Anerkannte Feedback-Regeln: Besonders Führungskräfte müssen häufig Feedback geben, tun das aber oft „aus dem Bauch", ohne die Spielregeln dafür zu kennen. Nur kompetent vorgebrachtes Feedback zeigt auch die gewünschte Wirkung (siehe dazu Crisand/Crisand, Psychologie der Gesprächsführung, S.66f.)

C: Wie groß ist meine Leistungs- und Entscheidungsfreude?

Ich bin ...

Eigenschaft	Punktzahl	Minus	Kommt darauf an ...
Entscheidungsfreudig			
Risikobereit			
Belastbar, stresstauglich			
Sicherheitsorientiert			
Gut im Setzen und Erreichen eigener Ziele			
Gut im Selbst-Steuern			
Geschickt im Repräsentieren			
Lebensfroh			
Unabhängig von anderen im Entscheiden			
Erfolgsorientiert			
Tatkräftig			
Fähig, lange durchzuhalten			
Fähig, andere zu führen			
Ehrgeizig			
Idealistisch			
Bereit, die Initiative zu ergreifen			
Ideenreich			
Gut im Driften			
Bereit, mich mit einem Unternehmen zu identifizieren			
Fähig, zu delegieren			

D: Weitere Rahmenbedingungen für den Kurswechsel

Ich bin ...

Eigenschaft	Punktzahl	Minus	Kommt darauf an ...
Kostenbewusst			
Mobil			
Bei guter körperlicher Gesundheit			
Finanziell gut abgesichert			
Fähig, unternehmerisch zu denken			
Seelisch ausgeglichen			
Beweglich, bereit, mich auf Neues einzustellen			
Gut im Selbst-Steuern			
Realistisch in meinen Zielsetzungen			
Unterstützt durch Familie/Freunde/Partner			
Fähig, eventuelle außerberufliche Sorgen zu bewältigen			
Reich an außerberuflichen Interessen			
Bereit, mir bei Bedarf Unterstützung zu holen			
Schiffbruchkompetent			

Ihr komplettes berufliches Profil

Ihr komplettes berufliches Profil besteht sowohl aus den fachlichen als auch aus den Kern-Kompetenzen – tragen Sie bitte Ihre Ergebnisse in der folgenden Matrix zusammen.

Übung Nr. 10: Meine Kompetenz-Matrix

Große Kompetenz	Mittlere Kompetenz	Einsteiger-Kompetenz

Gratuliere – Sie haben jetzt nicht nur einen Überblick über Ihre momentanen beruflichen und persönlichen Stärken, Sie können jetzt auch genau sagen, wo Ihr Hauptkönnen im Moment liegt. Ihr Vorhaben, runterzuschalten, wird leichter fallen und weniger Aufwand kosten, je mehr Sie dabei Bereiche mit großer und mittlerer Kompetenz Sie für Ihre künftige berufliche Tätigkeit wählen.

Schwächen: Was tun mit den Minus-Punkten?

Würden Sie Ihre Sammlung von Schwächen am liebsten in einem tiefen See versenken? Schade drum. Schwächen gehören zu Ihnen und machen Sie mit den Stärken zu einem „Einzelstück". Perfektionisten sind langweilig. Schrullen und Schwächen sind das Salz in der Suppe einer jeden Persönlichkeit. Es sei denn, die Schwächen sind überdosiert und für Sie und Ihre Umwelt nicht tolerabel – wenn Sie etwa alkoholkrank, medikamentensüchtig oder von Burnout betroffen sind. Schwächen sind das dann freilich keine mehr. Dann sollten Sie sich bis zur Wiederherstellung Ihrer Gesundheit fachkundigen Helfern anvertrauen und mit diesem Programm hier noch gar nicht anfangen. Dann gilt: keine Kursänderung, erst gesund werden – denn für den neuen Kurs brauchen Sie Ihre Kräfte. Aber zurück zur Frage: Was tun mit den Minus-Punkten?

Sie kennen ja die klassische Frage im Bewerbungsgespräch nach Ihren Stärken und Ihren Schwächen. Es wird Sie wohl kaum überraschen, wenn ich Ihnen hier sage, jede Stärke lässt sich zur Schwäche umdeklarieren und umgekehrt. Es kommt eben auf die Dosierung und auf den Kontext an. Nehmen wir doch mal die Mode-Stärke „Durchsetzungsfähigkeit" – damit ist nach gängiger Auffassung gemeint, dass jemand sich gegenüber anderen behaupten kann. Negativ bewertet könnte das heißen, dass dieser Mensch rücksichtslos andere mit seinen Vorstellungen überrollt, mit anderen Worten ein Egomane ist, dessen Motto „Platz da!" lautet.

Sie ahnen es, für den Umgang mit Ihren oben gesammelten Schwächen schlage ich Ihnen als erste Übung das Umdeklarieren vor. Ziel der Übung ist es, Ihnen nahezulegen, dass Ihre Schwächen zu Ihnen gehören und Ihnen einen Nutzen bringen. Verzichten Sie auf diese Übung, wenn Sie sowieso davon überzeugt sind, dass Sie der/die Größte sind. Reißen Sie dann bitte diese Seite aus dem Buch und falten Sie ein Papierkrönchen daraus ...

Übung Nr. 11: Stark, meine Schwächen

1. Schritt: Sammeln Sie hier die Schwächen, an denen Sie unbedingt arbeiten wollen:

2. Schritt: Deklarieren Sie jede dieser Schwächen zur Stärke um. Sagen Sie sich, ich bin über mein/e ... froh, weil ich dadurch den folgenden Nutzen habe: ...

Ein Beispiel: „Ich bin über meine Unentschlossenheit froh, weil ich dadurch immer Auswahlmöglichkeiten habe, mich nicht festlegen muss und Verantwortung abgeben kann."

3. Schritt: Fragen Sie sich jetzt, ob Sie immer noch an dieser Schwäche arbeiten wollen. Welchen Nutzen hätten Sie, wenn diese Schwäche nicht mehr da wäre? Lohnt dieser Nutzen die Anstrengung, sich ändern zu wollen? Bevor Sie ja sagen, noch zwei Gegenproben:

4. Schritt: Fragen Sie sich, welchen Nutzen Ihre Umwelt von Ihren Schwächen hat.

Ein Beispiel: „Mein Mann profitiert von meiner Unentschlossenheit, indem er sich als „Leitwolf" darstellen kann." Was würde sich für Ihre Umwelt ändern, wenn Sie diese Schwäche nicht mehr hätten?

5. Schritt: Fragen Sie sich, was diese Schwäche für Ihren Kurswechsel bedeutet. Ist sie für die neue Richtung in Ihrem Leben hinderlich oder unmaßgeblich?

6. Schritt: Bewerten Sie jetzt noch mal die Liste der Schwächen oben. Möchten Sie immer noch daran arbeiten oder heißt Ihr Urteil jetzt: „Ich will so bleiben, wie ich bin?"

Falls es immer noch ein paar Schwächen gibt, von denen Sie glauben, dass sie für Ihre Zukunft hinderlich sind, notieren Sie sie bitte hier.

Sie meinen also, dass diese Schwächen so ausgeprägt oder hinderlich sind, dass sie Ihnen die geplante Kursänderung verbauen?

Dann gibt es wieder mehrere Möglichkeiten: Sie verzichten auf die Kursänderung oder Sie überprüfen diesen Zielwunsch – vielleicht „passt“ er ja nicht zu Ihnen? Vielleicht wäre ein anderes Ziel zufriedenstellender, weil erreichbarer?

Oder Sie verschieben die Kursänderung auf einen späteren Zeitpunkt und arbeiten erst mal an diesen Schwächen. Aber seien Sie gewarnt, Schwächen sind hartnäckige Gesellen. Wenn sie sich bei Ihnen an Bord eingenistet haben, wird es nicht einfach sein, sie loszuwerden. Dafür braucht es eins: Ausdauer!

Für den Umgang mit diesen aus Ihrer Sicht verbesserungswürdigen Seiten Ihrer Persönlichkeit habe ich kein Rezept, denn ich kenne weder Sie noch Ihre Schwachpunkte. Natürlich könnten Sie sich, um an Ihren Schwächen zu arbeiten, eine Art Selbst-Coaching-Plan erstellen, mit dem Sie gezielt neue Verhaltensweisen einstudieren und ausprobieren. Aber wer macht das schon?

Falls Ihnen das als zu wenig praktikabel vorkommt, schauen Sie sich die Liste oben doch noch mal an: Sind diese Schwächen wirklich so hinderlich? Was wäre, wenn Sie sie als „zur Ausrüstung gehörig“ akzeptieren würden und ihnen immer mal wieder bewusst Raum geben würden?

Beispiel:

Eine Klientin von mir, nennen wir sie Martina Rudolf, war notorische Spätaufsteherin. Sie kam morgens einfach nicht in die Gänge und erschien immer zu spät bei der Arbeit. Obwohl sie sonst ausgezeichnete Leistungen erbrachte, kassierte sie mehrere Abmahnungen und schließlich die Kündigung. Aber bei der nächsten Bewerbung machte sie den künftigen Arbeitgeber schon im Vorstellungsgespräch auf diese „Schwäche" aufmerksam. Am neuen Arbeitsplatz wurde sie für das Nord-Amerika-Geschäft eingeteilt und durfte zwischen neun und zehn Uhr erscheinen. Dafür musste sie abends entsprechend länger bleiben, was ihr aber entgegen kam.

Sie verstehen, was ich mit „bewusst Raum geben“ meine? Schwächen haben wir alle. Die echte Steuermannskunst zeigt sich, wenn es gelingt, sie nicht nur zu akzeptieren, sondern auch auf sie zu achten und mit ihnen ans Ziel zu kommen. Die Entscheidung, welche Schwächen Sie als „zur Ausrüstung gehörig“ anerkennen und beachten, treffen Sie. Auf die folgenden Fragen können Sie Ihre Steuerkunst dabei stützen:

Übung Nr. 12: Schwächen und Ziele

- Passt das angestrebte Ziel zu Ihnen und auch zu Ihren Schwächen?
- Passen Ihre Kompetenzen (Gesamt-Kompetenz-Matrix) zu diesem Ziel? Haben Sie also die richtige Ausrüstung an Bord?
- Gibt es nach der „Umdeklarierungs-Übung" einen oder mehrere Ausrüstungsteile, die Sie gern loswerden wollen, Schwächen also, die Sie hindern, Ihr Ziel zu erreichen? Welche sind das?

Können Sie den neuen Kurs jetzt ansteuern oder wollen Sie damit noch warten und erst einmal an den hinderlichen Schwächen arbeiten?

- Wie wollen und können Sie realistisch an Ihren Schwächen arbeiten? Haben Sie genug Zeit, Raum und Eigeninitiative für ein Selbst-Coaching? Oder möchten Sie lieber mit einem Coach arbeiten, der Sie dabei begleitet?

- Welche Ihrer Schwächen gehören zu Ihrer Ausrüstung und werden bei der kommenden Kursänderung gern und achtsam mitgenommen?

Ihr Arbeitsplatz – ein guter Hafen?

An Bord einer Segeljacht in einem Hafen. Der Seegang ist rauh, und obwohl die Mole das Gröbste abhält, hat man in der Kajüte ein Fahrstuhl-Gefühl: Zwei Meter hoch, zwei vor, zwei runter, solange der Magen das mitmacht. Wer allerdings schon Seebeine hat, den kümmert das wenig – das Boot liegt sicher an langen Leinen, nur der Kaffee schwappt ab und zu über. Noch eine wichtige Frage, bevor Sie daran gehen, Ihr neues Ziel festzulegen, ist: Wie gut ist Ihr momentaner Hafen?

Haben Sie bei der jetzigen Arbeit so viel Stress, dass Sie kurz vor einem Schiffbruch stehen oder haben Sie ihn schon erlebt? Oder stellt sich Ihnen die Sinnfrage, aber Sie sind sich noch nicht im Klaren, wann Sie aufbrechen sollen? Ist Ihr beruflicher Hafen, wie der von Klaus Mittler, relativ sicher, aber unbefriedigend, und Sie zögern? Hält Sie nur die Tatsache zurück, dass das neue Ziel noch nicht klar ist? Oder zögern Sie, weil Sie sehr sicherheitsbewusst sind? Nehmen Sie an, dass Sie den Schritt, zu gehen, irgendwann bereuen könnten?

Übung Nr. 13: Mein momentaner Arbeitsplatz

Bei der Einschätzung Ihrer momentanen Arbeitssituation können die folgenden Feststellungen helfen. Wenn Sie glauben, dass Sie ganz sicher mit „Ja" antworten können, geben Sie sich zwei Punkte, wenn sie eher mit „Jein" antworten möchten, einen und bei „Nein" keinen.

	Punkte
• Ich habe in den vergangenen Jahren kaum Entwicklungschancen bekommen.	
• Ich habe das Gefühl, dass ich mehr investiere, als ich zurückbekomme.	
• Ich finde, dass ich kaum Anerkennung bekomme.	
• Ich erlebe einen großen Leistungsdruck, den die Kollegen noch verstärken.	
• Ich erlebe Probleme mit meine/r/n/m Vorgesetzten, für die es in absehbarer Zeit keine Lösung gibt.	
• Ich erlebe Probleme mit Kollegen oder Kunden, für die es in absehbarer Zeit keine Lösung gibt.	
• Ich sehe keinen Sinn mehr in dem, was ich tue. Die Arbeit ödet mich an.	
• Status und ein hohes Gehalt sind mir nicht mehr besonders wichtig.	
• Ich kann mich mit den Unternehmenszielen nicht mehr identifizieren.	
• Ich hätte gern mehr Zeit für mich.	

Die Auflösung ist einfach: Maximal 20 Punkte können erreicht werden. Je höher Ihre Punktzahl, desto dringender ist es, dass Sie sich von Ihrem momentanen „beruflichen Hafen" verabschieden. Vorsicht: Eine hohe Punktzahl deutet auch darauf hin, dass Sie überarbeitet sind und Ihre Gesundheit gefährdet ist. Wenn dem so ist, werden Sie vermutlich auch beim Stress- und Workaholic-Barometer ein entsprechendes Ergebnis erhalten haben. Eventuell brauchen Sie auch ärztliche Unterstützung. Falls sich die Gesundheitsgefährdung bestätigt, gilt: lieber heute als morgen Abstand gewinnen, kündigen, ein neues Ziel suchen.

Wenn Ihre Punktzahl unter acht liegt, könnte es sein, dass Sie momentan ein Motivationstief erleben, aus dem Sie vielleicht längerfristig wieder herauskommen. Sie könnten vielleicht ein Sabbatical einlegen oder einen längeren Urlaub machen, um aufzutanken und dann wieder mit Freude an die Arbeit gehen. Oder Sie könnten versuchen, an den störenden Gegebenheiten bei der Arbeit etwas zu ändern. Oder sie könnten versuchen an Ihrer Perspektive auf die Arbeit etwas zu ändern (siehe Seite 67 ff.).

Die Zielsetzung wasserdicht machen

Sie sind jetzt schon recht weit mit Ihrem Ausrüstungscheck und haben vielleicht schon ein neues Ziel für Ihren persönlichen Kurs zum Runterschalten im Auge. In dem Fall ist es nützlich, die Realisierbarkeit Ihres Ziels mit ein paar Fragen abzusichern, es also wasserdicht zu machen. Das gilt auch für diejenigen Steuerleute, die noch dabei sind, sich das Ziel zu setzen. Stellen Sie sich also vor der Festlegung des neuen Kurses wieder einige Fragen.

Übung Nr. 14: Das neue Ziel absichern

Die Fragen betreffen die folgenden Themen:

- Erreichbarkeit des Ziels
- Zielerreichung unter Ihrer Kontrolle
- Zielvision
- Positive Formulierung des Ziels
- Messkriterien des Ziels
- Abgleich von Ziel und persönlichen Werten

- Ist das neue Ziel für mich erreichbar?

  Niemand anderer als Sie wird Ihr Lebensschiff in die neue Richtung lenken. Sie können sich Unterstützung und Begleitung holen, aber Sie steuern es. Mit einem zu hoch gesetzten Ziel riskieren Sie, sich selbst zu sehr unter Druck zu setzen und unter Umständen zu scheitern. Ist Ihre Zielsetzung zu einfach, riskieren Sie nach kurzer Zeit Unzufriedenheit mit dem Erreichten.

Ergründen Sie, wie viel Zeit, Aufwand und finanzielle Mittel Sie in das neue Ziel investieren möchten. Wie muss ein erreichbares Ziel für Sie aussehen? Welche Hindernisse könnten auf dem Weg lauern?

Tipp zur Erreichbarkeit von Zielen

Portionieren Sie Ihr Ziel in kleine Häppchen oder in kleine Zwischenschritte. Belohnen Sie sich, wenn Sie diese Zwischenziele erreichen. Machen Sie sich eine Freude, klopfen Sie sich auf die Schultern. Wichtig ist, dass Sie durchhalten und auch Rückschläge verkraften.

- Ist die Zielerreichung unter meiner Kontrolle?

  Sie sehen nicht den Unterschied zum eben genannten Punkt? Ein Beispiel: Sie nehmen sich vor, Abteilungsleiter zu werden. Sie haben alle Kompetenzen, um in Ihrem Unternehmen diesen nächsten Karriereschritt zu machen (Erreichbarkeit). Aber da andere darüber zu entscheiden haben, ist die Zielerreichung nicht unter Ihrer Kontrolle. Wenn Sie aber die Zielsetzung abändern und sich vornehmen, beim nächsten Zielgespräch die Machbarkeit dieses Karriereschritts auszuloten, sieht das schon wieder anders aus.

- Kann ich mir mein Ziel vorstellen wie im Film?

  Verwandeln Sie sich in einen „Visionär“. Dann haben Sie eine besondere Fähigkeit: Sie können einen inneren Film ablaufen lassen und haben eine konkrete Zukunftsvision von dem, was Sie erreichen wollen. Vielleicht möchten Sie sich mit einem kleinen Laden selbstständig machen. Stellen Sie ihn sich vor – welche Produkte gibt es dort? Wie sieht die Verkaufstheke aus, wie groß ist der Raum, wie ist der Lichteinfall?

  Warum sollte diese Vorstellungsarbeit hilfreich sein, fragen Sie? Sie ist hilfreich, weil Ihre Vorstellung „Zugkraft“ hat.

Beispiel

Zu Beginn meiner Selbstständigkeit habe ich mir immer wieder ausgemalt, einmal ein eigenes Beratungszentrum zu haben. Ich habe anfangs Räume mit Kollegen geteilt, aber die Idee war immer da: Ich hätte gern etwas Eigenes, mit Parkettboden, einer breiten Fensterfront, freundlichem Interieur, und guter Verkehrsanbindung. Als das Foto-Angebot vom Makler kam, wusste ich sofort, das ist es. Und jedes Mal, wenn ich jetzt aufschließe, freue ich mich darüber, dass meine Vision sich verwirklicht hat. Sie verstehen, was ich meine?

Ein weiterer wichtiger Punkt für Ihre Zielerreichung:

- Ist mein Ziel positiv formuliert?

  Das soll nicht heißen, dass Sie einem banalen Carnegie-Optimismus („Sorge Dich nicht – lebe!") verfallen sollen. Es bedeutet vielmehr, dass Sie jegliche Art von Verneinungen aus Ihrer Zielformulierung streichen. Also beispielsweise nicht „Ich will mit Kollege X nicht mehr streiten", sondern „Ich will gelassen mit meinen Kollegen umgehen." Mit Verboten, die Sie sich selbst erteilen, läuft es ähnlich, wie wenn ich Ihnen jetzt sage: „Denken Sie nicht an Krokodile mit roten Badekappen." –Woran denken Sie? – Na bitte.

- Habe ich Messbarkeitskriterien für mein Ziel?

  Woran erkennen Sie, dass Sie das Ziel erreicht haben? Zugegeben, viele Ziele sind „weich", Gelassenheit zum Beispiel. Aber in diesem Fall könnten Sie sich Situationen vorstellen, die Sie mit mehr Gelassenheit meistern wollen, Sie könnten eine Gelassenheitsskala von eins bis zehn notieren, auf der Sie den „Ist-Zustand" und den „Soll-Zustand" markieren: Momentan gebe ich mir eine 2 (wenig gelassen), erreichen möchte ich eine sieben (ziemlich gelassen). Sie können auch festhalten, woran Sie diese neue Gelassenheit erkennen könnten, und sich dafür belohnen.

- Stimmt mein Ziel mit meinen persönlichen Werten überein?

  Eigentlich scheint es selbstverständlich: Sie wollen runterschalten und möchten sich auf das für Sie Wesentliche konzentrieren. Doch was genau ist das für Sie Wesentliche? Wenn Sie sich unschlüssig sind, welche Werte für Sie wichtig sind, hier ein paar Ideen.

Immer dabei: Ihre Werte

„Eile mit Weile“, das sei ein Motto ihrer Mutter gewesen, berichtet mir eine Klientin. Auch sie lebt lieber ohne Hast, empfindet „Multitasking“ als unerträglichen und unmenschlichen Auswuchs moderner Lebensart. Sie hat diesen Wert „übernommen“.

Einstellungen und Wertesysteme werden erlernt und gehören zum „festen“ Inventar an Bord. Sie sind schon so lange in unserem Gepäck, dass wir gar nicht mehr darüber nachdenken. Weil das so ist, ist es besonders schwierig, sie zu verändern. Zumindest eine Überprüfung unsrer individuellen Werte kann immer wieder hilfreich sein. So können wir sehen, ob Außen und Innen noch übereinstimmen, ob das Leben, das wir führen, noch zu unseren Überzeugungen passt.

Sie haben im Kapitel „Stopp – die Sinnfrage“ (siehe Seite 75) schon eine Wert-Inventur gemacht, um festzustellen, in welcher Kollektiv-Lebensphase Sie momentan sind: vor oder nach dem Stopp.
Hier finden Sie noch ein paar Leitfragen, um eine ganz persönliche „Wert-Inventur“ für Sie als Individuum anzustoßen:

- Welche Werte haben Ihr Leben bisher bestimmt?
- Auf welche Werte könnten Sie auch verzichten?
- Welche Werte sollen auch in Zukunft wichtig sein?
- Gibt es einen Wert, für den Sie Ihr Leben einsetzen würden?

Falls Ihnen die Beantwortung schwer fällt, finden Sie unten ein paar Anregungen, die Sie bitte um Ihre eigenen Werte ergänzen. Ziel dieser Übung ist es, eine Antwort auf die Frage zu finden, welche Werte auch in Zukunft für Sie wichtig sein sollen. Notieren Sie bitte diese „persönlichen Werte“, damit sie Ihre später zu setzenden Ziele damit überprüfen können. Ergänzen Sie die Tabelle um eigene Werte.

In einem nächsten Schritt priorisieren Sie diese Werte nach dem folgenden Muster:

- 3 Punkte für „unbedingt nötig“
- 2 Punkte für „vorhanden, kleine Zugeständnisse möglich“
- 1 Punkt für „verhandelbar“.

Übung Nr. 15: Meine persönlichen Werte

Wert	Punkte	Wert	Punkte	Wert	Punkte
Kreativität		Fairness		Selbstverwaltete Zeit	
Gesundheit		Gerechtigkeit			
Schönheit		Unabhängigkeit			
Lernfähigkeit		Familie			
Gleichberechtigung		Freundschaft			
Toleranz		Ausgeglichenheit			
Leidenschaft		Neugier			
Vertrauen		Wissen			
Sicherheit		Perfektion			
Luxus		Leistung			
Wissen		Ruhe			

Warum diese Einschätzung wichtig ist? Auch im Umgang mit Ihren Werten gilt das oberste Motto für uns Steuerleute: beweglich bleiben. Wenn Sie zu viele Werte mit drei Punkten haben, kann es sein, dass Ihre Beweglichkeit schon in Zement gegossen ist. Dann können Ihre Werte Sie daran hindern, zu neuen Zielen aufzubrechen. Wenn Sie manche Werte aber mit weniger Punkten einstufen, können Sie eher auf die wechselnden Anforderungen der Außenwelt eingehen.

Ziel dieser Übung ist es schließlich, Ihr neues Ziel mit Ihren Werten abzugleichen. So können Sie herausfinden, ob Ihr Ziel mit Ihrem Inventar an Bord erreichbar und vertretbar ist.

Nicht ohne meinen Kaktus!

Sie kennen das vermutlich aus Ihren Erfahrungen mit Bewerbungen: Sie haben ein paar gute und ein paar weniger gute Gespräche und fragen sich zuhause, was Sie eigentlich davon halten sollen. Was war denn nun das beste Angebot? Wo würden Sie sich am wohlsten fühlen?

Wer Runterschalten will, ist mit einer noch größeren Vielfalt von Handlungsoptionen konfrontiert. Angestellt oder selbstständig, Teilzeit, Home Office, Sabbatical, Jobwechsel, um nur ein paar Varianten zu nennen. Bevor Sie all diese Varianten für sich sondieren, schauen Sie – wie vorher bei den Werten – erst mal auf sich selbst. Sie haben die Wahl – worauf kommt es Ihnen an, wenn Sie arbeiten? Brauchen Sie ein eigenes Büro, Ihren Kaktus auf der Fensterbank, viel oder wenig Entscheidungsfreiheit?

Ähnlich wie dem Personalverantwortlichen, der das Profil des Kandidaten mit den Anforderungen vergleicht, kann Ihnen die folgende Übung als Grundlage dienen, um Ihre Entscheidung für oder gegen einen Arbeitgeber oder eine freie Tätigkeit zu unterstützen. Das Ergebnis ist nicht das Profil eines „Traumjobs“, sondern die Rahmenbedingungen für eine Arbeit, bei der Sie sich wohlfühlen.

Um herauszufinden, was Ihnen beruflich wichtig ist und was bei einem künftigen Job auf keinen Fall verzichtbar ist, bewerten Sie bitte die Antworten zu den folgenden Fragen nach diesem Schema:

- 3 Punkte = unbedingt nötig
- 2 Punkte = kleine Zugeständnisse möglich
- 1 Punkt = verhandelbar
- 0 Punkte = auf keinen Fall.

Übung Nr. 16: Was brauche ich beruflich?

	Punkte
• Welche beruflichen Aufgaben haben Sie gern? (Personalverantwortung, Entscheidungsbefugnisse, Reisen ja/nein/, Kundenkontakt usw.	
• Welche Aufgaben machen Sie nur ungern?	
• Welche Arbeitsinhalte brauchen Sie, um zufrieden zu sein?	
• Welche Arbeitsinhalte finden Sie unangenehm?	
• Welche Vorstellungen von der Struktur/vom Organisationsgrad eines Unternehmens finden Sie für Ihr Umfeld wichtig? (Größe/Entscheidungswege/Hierarchien)	

- Wie sollten die Rahmenbedingungen sein, damit Sie zufrieden sind (Boni, Ort und Ausstattung des Arbeitsplatzes, Arbeitszeiten, Zielgespräche usw.)

- Welches Einkommen/Gehalt brauchen Sie unbedingt?

- Wie sollen Vorgesetzte und Kollegen sein, damit Sie zufrieden sind?

- Welche beruflichen Entwicklungsmöglichkeiten erwarten Sie?

- Was möchten Sie am Ende Ihres Berufslebens erreicht haben?

Wenn Sie diese Übung gemacht haben, ergibt sich zusammen mit den vorherigen Übungen schon ein ziemlich genaues Bild dessen, was aufgrund Ihrer beruflichen Erfahrungen eine gute Beschäftigung für Sie wäre. Sie könnten sich also mit diesen Ergebnissen schon bald daran machen, den Anker in Richtung Runterschalten zu lichten. Aber eins fehlt noch: Sie haben sich noch nicht von Ihrem Ballast an Bord getrennt.

Ballast loswerden: Über Bord damit!

Sie wissen jetzt, was für Sie beruflich wichtig ist. Darauf wollen Sie auf Ihrem neuen Kurs auf keinen Fall verzichten. Aber Sie wissen ja: Runterschalten bedeutet eine Konzentration aufs Wesentliche. Somit beschäftigt uns hier auch die Frage: Was schleppen Sie in Zukunft besser nicht mit sich rum, was ist Ballast für Sie?

Sicher, nicht jeder muss mit dem Ballast-Loswerden so weit gehen wie Anne Donath, die in ihrem Einraum-Holzhaus einen spartanischen Lebensstil pflegt und auf fast jeden Komfort verzichtet. Aber selbstredend erstreckt sich das Reduzieren auf das Wesentliche auch auf materielle Bereiche: Braucht man wirklich zwei Autos, vier Fernseher, das große Haus/die große Wohnung? Inwiefern gilt für Sie der Satz: Weniger ist mehr?

Runterschalten bedeutet in den meisten Fällen, weniger Einkünfte als vorher zu haben, aber innerlich zufriedener und ausgeglichener zu sein.

Sie werden beim Festlegen Ihres neuen Kurses ohnehin Ihre finanzielle Situation überprüfen. Dazu gehört, dass Ihr innerer Steuermann Ihr Verhältnis zu Geld und materiellen Werten unter die Lupe nimmt. Hier ein paar Leitfragen dazu:

- Wo konsumieren Sie am meisten: Ausgehen, Reisen, Hobbys, Bücher, elektronische Geräte, modische Kleidung ...
- Inwiefern wollen Sie diesen Konsum einschränken?
- In welcher Hinsicht „kaufen“ Sie sich manchmal etwas als Ausgleich für Unzufriedenheit und Stress?
- Wie viel Einkommen brauchen Sie monatlich? (Siehe Übung Nr. 19 „Mein Finanzhaushalt“, Seite 127)

- Welche materiellen Güter sind Ihnen wichtig? Wozu brauchen Sie sie?
- Von welchen materiellen Gütern könnten Sie sich trennen?

Übung Nr. 17: Binsenweisheiten-Ballast

Überlegen Sie mal, ob Sie sich schon weit genug von den Pauschalurteilen aus der Echtzeit-Welt verabschiedet haben. Die folgende Liste mit Binsenweisheiten kann Ihnen dabei helfen. Sie sind mit Absicht provokativ formuliert, weil Sie mit solchen und ähnlichen „Sprüchen" als Reaktion auf Ihren Plan, runterzuschalten, rechnen müssen. Wenn diese Pauschalurteile Sie nicht mehr treffen und für Sie belanglos sind, ist Ihnen das Runterschalten als Lebensstil schon ziemlich nahe. Denn mit dem Runterschalten entwerfen Sie eine Gegenkultur, die für Sie gilt und sich absetzt von der Mehrheitskultur. Wenn Sie aber auch nur die Hälfte davon für richtig halten, gehören Sie wohl eher zu den Menschen, für die ein graduelles Runterschalten an ein paar Eckpunkten genügt. Denn das ist das Schöne am Runterschalten: Es ist individuell dosierbar.

Binsenweisheiten Nr. 1–11:

1. Nur, wer anwesend ist, macht Karriere.
Leistung wird in Anwesenheit gemessen. Je länger man den Bürosessel wärmt, desto besser.

2. Nur ein guter Ernährer ist ein guter Vater.
Gut ernähren kann ein Vater nur als Hauptverdiener. Dann sieht er seine Kinder eben nur am Wochenende.

3. Nur Weicheier arbeiten weniger.
Teilzeitarbeit ist unmännlich bzw. das Ende der beruflichen Ambition. Als Taschengeld für Frauen ist sie gut.

4. Karriere machen ist das A und O im Leben.
Ein Angebot zur Beförderung kann man einfach nicht ausschlagen – egal, wie viel Mehrarbeit daran hängt. Nach oben kommen ist das Wichtigste im Leben.

5. Entscheidungen müssen einschlagen wie Bomben.
Abwarten ist etwas für Zauderer. Wer keine sichtbaren Entscheidungen trifft, soll es lieber gleich lassen.

6. Männer machen Karriere, Frauen verdienen Geld.
Das ist nun mal so, was will man machen? Nur Männer haben Ehrgeiz, nur Männer können kämpfen. Männer gewinnen männliche Identität im Beruf, Frauen verlieren weibliche Identität, je weiter sie kommen.

7. Mit 40 muss man es geschafft haben.
Egal, wie hoch der Schuldenberg ist: mein Haus, mein Auto, mein gesellschaftliches Ansehen. Das gelingt nur, wenn man jung ist. Es gibt keine Spätberufenen.

8. Gefühle sind Zeitverschwendung.
Wer sich zu viele Gefühle leistet, zögert zu lange und kann nicht entscheiden. Entscheiden muss man mit dem Kopf oder gar nicht.

9. Runterschalten ist was für Verlierer.
Was heißt hier „endlich sein eigenes Ding machen?" Das ist nur eine Ausrede für mangelnde Belastbarkeit. So was machen doch nur Aussteiger und Schwache.

10. Die Mehrheit hat immer Recht.
Egal, ob viele einen Beruf wählen, nur weil ihnen nichts anderes einfällt: Es wird schon richtig sein, wenn es viele machen. Hauptsache, der Rubel rollt.

11. Es lebe der Perfektionismus!
Man muss eine Sache durchdringen und perfekt machen, ganz oder gar nicht.

Individueller Ballast

Gibt es neben diesen Allerweltsansichten andere, die Sie ganz persönlich mit sich herumtragen und die Sie beim Runterschalten auch gleich über Bord werfen könnten? Vielleicht hat Ihnen ein Familienmitglied irgendeine Fähigkeit nie zugetraut. Oder andere „Brandmale“, die man Ihnen verpasst hat, Fremdurteile, auch von Kollegen, Freunden oder Vorgesetzten, schränken Ihre Beweglichkeit ein. Sie sind daran zu erkennen, dass es Feststellungen über Ihre Persönlichkeit sind, die Sie immer für unfair oder falsch hielten, die Sie aber doch in irgendeiner Form gehindert haben.

Beispiel:

Ein Klient bekommt von einem Kollegen im gleichen Büro das Etikett: „Du kannst nicht telefonieren!" Obwohl er schon tausende erfolgreiche Telefonate geführt hat, wirft ihn das so aus der Bahn, dass er fortan – in Anwesenheit des Kollegen – am Telefon stottert und unprofessionell wirkt. Es dauert Monate, bis er dieses Etikett loswird und wieder „unbelastet" telefoniert.

Stellen Sie diese Urteile auf den Prüfstand, halten Sie sie hier fest. Wenn sie mittlerweile für Sie unwichtig sind, über Bord damit...

Übung Nr. 18: Überflüssige berufliche Qualifikationen

Sie haben gerade Ihr inneres Inventar auf Einstellungen und Werte überprüft, die Sie nach dem Runterschalten nicht mehr brauchen. Richten Sie den gleichen Sondierungsblick jetzt auch auf Ihr berufliches Portfolio. Beschäftigen Sie sich noch einmal mit Ihrer Kompetenz-Matrix und Ihrem bisherigen Lebenslauf. Betrachten Sie die Pfade Ihres Lebens, die Sie bisher noch nicht direkt in bare Münze umgewandelt haben. Bestimmt sind darunter Weiterbildungen und Fähigkeiten, die Sie gut an Ihre Kernkompetenzen „angedockt" haben und die diese komplettieren. Diese bleiben in Ihrem Portfolio. Wenn aber Zusatzqualifikationen dabei sind, die Sie sowieso noch nie gebraucht haben, die Sie künftig auch nicht brauchen oder die inzwischen veraltet sind – über Bord damit.

Falls aber ein Gebiet dabei ist, das Sie ausbauen möchten, weil Sie Ihr bisheriges Arbeitsfeld verlassen möchten, fragen Sie sich, ob Sie in diesem Feld schon alle nötigen Qualifikationen haben oder eventuell noch etwas „draufsatteln" müssen.

Wenn dem so ist, fragen Sie sich weiter, welche Investition an Zeit, Energie und Geld das bedeutet.

Lohnt das den Aufwand und bringt es Sie Ihrem Ziel näher?

Wenn Sie eine Richtungsänderung weg von dem planen, was Sie bisher gemacht haben, beachten Sie den Branchen-Job-Quadranten unten.

Neuorientierungs-Pyramide

Legende:

1 = Branche und Job gleich
2 = Gleiche Branche, ähnlicher Job **oder** gleicher Job, ähnliche Branche
3 = Fremde Branche, gleicher Job **oder** gleiche Branche, fremder Jobinhalt
4 = Völlig fremde Branche, ähnlicher Job **oder** ähnliche Branche, völlig fremder Job
5 = Branche und Job ganz anders

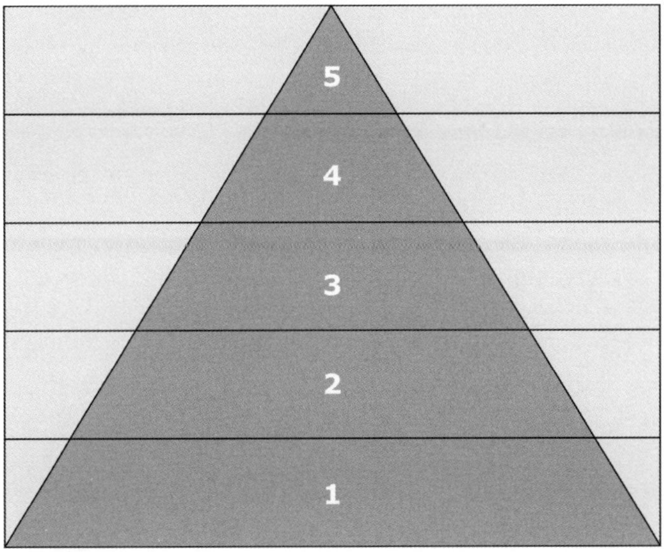

 einfachste und schnellste Neuorientierung

 schwierigste und langwierigste Neuorientierung

Im Klartext heißt das: Je weiter Sie sich von Ihrem angestammten Beruf entfernen, desto mehr Zeit, Aufwand und Überzeugungskraft brauchen Sie für Ihre Neuorientierung.

Am Ende dieser Übung sollte Ihnen klar sein, welche Ihrer Kompetenzen Sie künftig brauchen, welche es wert sind, ausgebaut zu werden und auf welche Kompetenzen Sie künftig verzichten können.

Hindernisse auf dem Weg zum Runterschalten

Der Weg zur Hölle ist bekanntlich gepflastert mit guten Vorsätzen. Vielleicht haben Sie sich schon öfters vorgenommen, endlich runterzuschalten, sind aber immer wieder über bestimmte Hindernisse gestolpert. Es gibt ein paar „Klassiker“ unter diesen Stolperfallen, die ich Ihnen hier vorstelle.

Hindernis Nr. 1: Fehlende Konsequenz

Sie wissen eigentlich, wie es geht, und was Sie tun müssten, um runterzuschalten, fallen aber immer wieder in alte Muster zurück. Sie delegieren z.B. zu wenig, arbeiten zu viel, sind zu perfektionistisch mit sich und anderen. Sie wissen auch gar nicht so genau, was Sie eigentlich erwartet, wenn Sie dieses Verhalten aufgeben. Deshalb machen Sie weiter wie bisher. Das Bekannte ist vertraut – da kann Ihnen nichts passieren.

Um dieses selbstgebaute Hindernis zu überwinden, machen Sie es wie Schiffbruchkompetente: Holen Sie sich Hilfe von außen. Planen Sie mit Ihrem Unterstützer, wie Sie Ihr neues Verhalten regelmäßig in kleinen Dosen üben können. Beauftragen Sie Ihren Helfer, Ergebnisse von Ihnen einzufordern. Feiern Sie mit ihm zusammen, wenn Sie Ihr Ziel erreicht haben!

Hindernis Nr. 2: Angst vor den finanziellen Folgen

Es soll schon Milliardäre gegeben haben, die sich aus Angst, nur noch Millionär zu sein, das Leben genommen haben. Es gibt aber auch Minimalisten wie den früheren Unternehmer Wolfgang Hertler, der auf seinem eineinhalb Hektar großen Grundstück bei Stuttgart in einem Gartenhäuschen wohnt und für eine Weile gar nichts verdient. Er lebt wie ein Mönch von Spenden und dem, was er selbst anbaut. Existenzangst hat er, der am Existenzminimum lebt, angeblich nicht.

Die Angst vor den finanziellen Folgen des Runterschaltens kann ein großes Hindernis sein. So groß, dass man gar nicht erst damit anfängt. Aber wie das eben mit Ängsten ist: Sie sind da, um überwunden zu werden. Das kann man nur, wenn man sich mit ihnen auseinandersetzt. Im Fall der Finanzen ist das relativ einfach: Sie brauchen eine realistische Vorstellung von dem, was Sie brauchen. Eine Million oder eine Gartenhütte?

An der Beschäftigung mit Zahlen führt also kein Weg vorbei. Schaffen Sie sich mit Hilfe der folgenden Bestandsaufnahme einen Überblick über Ihre augenblickliche finanzielle Situation. Die rechte Spalte ist dazu da, Ihr Einsparpotential darzustellen. Überprüfen Sie also jeden einzelnen Posten darauf, ob Sie ihn wirklich brauchen.

Ziel dieser Übung ist es, Ihren finanziellen Spielraum richtig und angstfrei einzuschätzen. Nach dem Runterschalten werden Sie vermutlich weniger verdienen als vorher. Stellen Sie fest, wie viel weniger Sie vertragen können.

Übung Nr. 19: Mein Finanz-Haushalt

Monatliche Einnahmen	Jetzt	Zukünftig
Derzeitiges Einkommen		
Unterhaltszahlungen		
Kredite /Anleihen von Freunden u. Bekannten		
Sonstige Unterstützung (Kindergeld, Bafög usw.)		
Andere erwartbare Einnahmen (z.B. Erbe, Abfindung)		
Zinseinkünfte		
Derzeitige Summe		
Angestrebte Summe		

Monatliche Ausgaben	Jetzt	Zukünftig
Miete/Hypothek		
Wasser		
Strom		
Weitere Nebenkosten (Müllabfuhr)		
Auto		
Benzinkosten		
Monatskarten (öffentliche Verkehrsmittel)		
Telefon/Internet		
Versicherungen (Auto-, Lebens-, Feuer- usw..)		
Kindergarten/Schule/Uni		
Lebensmittel		
Urlaub		
Kleidung		
Sonstige Ausgaben (Haushalt)		
Fernsehgebühren		
Freizeit (Sport, Kino usw.)		
Größere Reparaturen (an Haus oder Auto)		
Spenden		
Sonstige Ausgaben		
Weiterbildungskosten		
Derzeitige Summe		
Angestrebte Summe		

In einem nächsten Schritt analysieren Sie, welche Reserven Sie kurz- und mittelfristig zur Überbrückung aktivieren können, falls Sie einen größeren Investitionsbedarf haben. Am besten, Sie lassen sich von einem unabhängigen Finanzberater (z.B. bei der Verbraucherberatung) dabei helfen. Fragen Sie sich weiter, wie weit Sie mit dieser Überbrückung kommen – ein Jahr, zwei Jahre?

Können Sie jetzt einschätzen, was Sie beim Runterschalten wagen können oder sind die Ängste immer noch da?

Wenn ja, dann schlage ich Ihnen die folgende Übung vor:

Übung Nr. 20: Mein Schiffbruch-Szenario

Stellen Sie sich vor, alle Stricke würden reißen – welche wären das und wie sähe das aus? Entwickeln Sie Ihr eigenes Schiffbruch-Szenario. Notieren Sie gleichzeitig, für wie wahrscheinlich Sie den Eintritt dieser Katastrophe halten und welchen „Plan B" Sie dann hätten – also Ihre Handlungsoptionen, um aus der Krise herauszukommen.

Schiffbruchszenario	Wahrscheinlichkeit des Eintreffens	Mein Plan B

Beispiel:

Ein Klient von mir befürchtete nichts mehr als den Jobverlust. Er war seit zehn Jahren in der IT einer internationalen Versicherung tätig und meinte, mit Mitte 40 „ein kritisches Alter" erreicht zu haben. Er hatte ein Haus zu verlieren – die Wahrscheinlichkeit bezifferte er mit 50 Prozent. Er sah sich und seine Familie schon „unter den Brücken schlafen". Außerdem befürchtete er, Freunde zu verlieren, die er von der Arbeit kannte – Wahrscheinlichkeit 80 Prozent. Sein Vater, sagte er, würde zu ihm halten – Wahrscheinlichkeit 100 Prozent. Bei näherem Hinsehen ergab sich, dass auch der befürchtete Verlust des Hauses nicht ganz realistisch war – seine Frau hatte ein Erbe zu erwarten, und zudem gab es noch Ersparnisse, die notfalls abgeschmolzen werden konnten. Die eigentliche Angst war die, „mit Mitte 40 nimmt mich keiner mehr". Auf die gab es nur eine Antwort: Es herausfinden. „Nur zum Spaß", ohne gekündigt zu sein, begann mein Klient, sich auf dem Arbeitsmarkt umzusehen, sich in Internet-Portalen listen zu lassen. Sehr zu seiner Überraschung hatte er in kürzester Zeit einen Anruf von einem Personaldienstleister und Einladungen zu Bewerbungsgesprächen. Als der Worst Case ein Jahr später tatsächlich in Form von Umstrukturierungen eintraf, konnte er dem Ganzen relativ gelassen entgegensehen. Er handelte eine gute Abfindung heraus und nutzte die Kontakte, die er zuvor geknüpft hatte. Er fand eine neue Arbeit, die ihm nach eigenem Bekunden sogar mehr entsprach als die bisherige.

Ängste sind dazu da, zu warnen, manchmal auch, zu hindern. Sie sind wertvoll, wenn wir sie überwinden können, weil wir dabei am deutlichsten persönliches Wachstum erleben. Im Umgang mit dem Runterschalten warten viele Ängste, für einige davon können Sie beizeiten einen Plan B vorbereiten. Die folgende Liste enthält noch ein paar typische Sicherheitsängste und Fragen, die Ihnen zu einem Plan B verhelfen können.

Hindernis Nr. 3: Angst vor Einsamkeit

Beim Runterschalten werden Sie deutlicher mit sich selbst konfrontiert sein als sonst. Sie werden auf Unverständnis stoßen, vielleicht sogar Freunde verlieren. Sie werden zeitweise einsam sein. Haben Sie eine Antwort darauf? Können Sie mit sich allein sein, ohne sich verloren zu fühlen? Können Sie der Einsamkeit begegnen, ohne sie zu vermeiden? Können Sie auch neue Freundschaften schließen, auf neue Menschen zugehen?

Hindernis Nr. 4: Angst vor Krisen

Sie werden beim Runterschalten an einigen Widerständen und Hindernissen vorbeisteuern müssen, und auch mit unvermuteten Problemen umzugehen haben. Gehen Sie die hier angebotenen Tipps für die Schiffbruchkompetenz noch mal durch – sind sie Ihnen aus dem eigenen Leben schon vertraut? Wie haben Sie sich bisher in Krisen verhalten? Wie sehen diese Krisen im Rückblick aus? Können Sie daraus ableiten, wie Sie künftig mit Krisen umgehen werden und was Sie vielleicht anders machen können?

Hindernis Nr. 5: Angst vor mangelndem Selbstvertrauen

Ihr Steuermann ist beim Runterschalten besonders gefragt. Er steuert Sie nicht nur zu neuen beruflichen Inhalten, sondern auch zu neuen persönlichen Herausforderungen, die einen starken Steuermann fordern. Was können Sie tun, um Ihren Steuermann zu unterstützen? Vor welchen Situationen hätte er vielleicht „Manschetten" und wie könnte er da sicher durchsteuern? Können Sie für bestimmte Situationen Trockenübungen machen? Wer kann Ihnen dabei helfen?

Hindernis Nr. 6: Angst vor Fehlern

Falls Sie ein Perfektionist sind, lassen Sie die Finger vom Runterschalten. Es wird Ihnen nicht gelingen! Zu viele Kompromisse warten da, zu viele Fehlerfallen, in die Sie tappen werden. Verändern Sie sich bloß nicht – Fehler führen zu jenen schlimmen Missbildungen der Persönlichkeit, die man persönliches Wachstum nennt. Wenn Sie aber kein Perfektionist sind, trauen Sie sich, Fehler zu machen. Sie können davon nur profitieren.

Zum neuen Ziel driften und steuern

Sie haben jetzt klar Schiff gemacht und Ihre Ausrüstung an Bord gründlich überprüft. Sie wissen jetzt, was Sie können (Kompetenzmatrix), was Ihnen an Werten und beruflich wichtig ist und auf welchen Ballast Sie verzichten können. Sie haben sich Gedanken darüber gemacht, welche Hindernisse wohl zu überwinden sind. Sie haben auch überprüft, ob die momentane Situation geeignet ist, um Ihr Lebensschiff auf einen neuen Kurs zu bringen, und ob Sie es jetzt und unter den vorherrschenden Bedingungen, soweit sie absehbar sind, an das neue Ziel steuern können. Sie wissen, nach welchen Kriterien Sie das neue Ziel überprüfen können – wenn Sie es schon haben. Oder fehlt genau das – das neue Ziel, die Antwort auf die Frage: Was will ich?

Das ist schade. Denn nach den bisherigen Übungen und Reflektionen müsste die Kompassnadel Ihres Lebensschiffs schon in eine bestimmte Richtung ausschlagen – aber vielleicht sehen Sie das nur nicht. Man kennt das ja, den Wald vor lauter Bäumen nicht zu sehen. Zu sich selbst hat man einfach keinen Abstand, und der wäre ab und zu hilfreich. Aber vielleicht sollten Sie sich gerade mal mit dem Wald näher auseinandersetzen, ihn z.B. gedanklich erwandern.

Um den Blick auf Ihr mögliches neues Ziel zu schärfen, schlage ich Ihnen hier einen neuen Weg vor. Bisher haben Sie ziemlich viel gesteuert. Wie wäre es jetzt mit ein bisschen Driften?

Übung Nr. 21 : Driftingreise zu meinen Wohlfühlprovinzen

Tauchen Sie mal einen Moment – es können auch ein paar Momente sein – ab in den Rumpf Ihres Schiffes, in Ihre Gefühlswelt. Machen Sie es sich bequem, geben Sie sich Zeit und Raum zum Driften. Wenn Sie mögen, schließen Sie die Augen, hören Sie entspannende Musik und machen Sie mal gar nichts, außer gedanklich auf Wanderschaft zu gehen.

Spazieren Sie zurück an Orte und Momente in Ihrem Leben, in denen Sie sich besonders wohl gefühlt haben. Lassen Sie Ihren inneren Erinnerungsfilm ablaufen und folgen Sie diesen Fragen:

- Wann hatte ich das Gefühl, die Welt aus den Angeln heben zu können?
- Woran habe ich besonders viel Spaß?
- Wann konnte ich besonders viel Energien bereitstellen?
- Wann war ich erfolgreich, wurde ich gefeiert?

Wenn Sie wieder auftauchen aus der Welt der bebilderten Erlebnisse, halten Sie schriftlich fest, was Ihnen Ihre Driftingreise präsentiert hat. Gibt es da einen gemeinsamen Nenner für das, was Sie antreibt und motiviert?

Beispiel:

Ein Klient, Andreas Weber, Anfang 30, verheiratet, war erfolgreich als IT-Berater unterwegs. Aber es nagte an ihm, dass er sein Studium der Politiologie „vergeblich", wie er sagte, gemacht hatte. Er wollte seinem Leben noch mal „einen anderen Dreh" geben, aber wohin, das wusste er so genau nicht. Er kannte seine beruflichen Fähigkeiten ziemlich genau, machte seinen Beruf auch „relativ gern", fühlte sich aber trotzdem „irgendwie ziellos."

„Ich kann den Job noch jahrelang machen und gutes Geld verdienen. Aber so richtig wohl fühle ich mich nicht dabei. Ich würde gern wissen, wo es längerfristig hingeht mit mir."

Für das, was er im ersten Studium mit großer Begeisterung gelernt hatte, gab es seiner Ansicht nach keinen Markt. Aussichtslos, das Ganze. Die Driftingreise in seine Erfolgserlebnisse ergab, dass er in Großbritannien studiert hatte, sehr gut Englisch sprach und sich gern in wissenschaftliche Themen vertiefte und gern debattierte. Erstaunliche Energien hatte er für seine Diplomarbeit mobilisiert, bei der es um Märkte und politische Entwicklungen auf dem indischen Subkontinent ging. Für Indien schlug sein Herz.

Seine Motivationsliste sah so aus:

- Themen „verteidigen", politisch argumentieren
- Mit Menschen aus anderen Kulturen, besonders aus Indien, zusammen sein
- Die indische Kultur kennen lernen, reisen
- Märkte beobachten und analysieren
- Wissenschaftlich arbeiten, schreiben

Was Andreas Weber gern tun würde, zeichnete sich hier also schon ab: seine „politischen" Fähigkeiten einsetzen, vielleicht sogar in Indien leben. Aber war das möglich?

Übung Nr. 22: Wenn jetzt eine Fee käme ...

Wir sind immer noch beim Driften, um Ihr neues Ziel zu finden. Inzwischen haben Sie, wie Andreas Weber, eine Liste dessen, was Sie motiviert und begeistert. Aber irgendetwas in der Wirklichkeit hindert Sie. Mal angenommen, dieses Etwas würde nicht existieren und eine Fee käme zu Ihnen und würde sagen, Sie haben einen Berufswunsch frei. Was würden Sie sich wünschen? Halten Sie diesen Wunsch schriftlich fest.

Vielleicht hilft es, beim Driften über diese Frage an Menschen zu denken, die Ihrer Meinung nach einen solchen erstrebenswerten Job haben. Aber vielleicht ist die Sache wie im Fall von Andreas Weber auch schon relativ klar: Er sagte, er würde gern Reiseberichte über Indien schreiben oder als Diplomat dort leben.

Zwischenbilanz: ein Überblick

Fassen Sie an dieser Stelle zusammen, was Sie sich bisher erdriftet und ersteuert haben: Es ist all das, was Sie können (Kompetenzmatrix), was

Sie brauchen (Stärken und Schwächen, Ihre persönlichen Werte, was Sie beruflich brauchen), was Sie begeistert und wovon Sie beruflich träumen. Bewerten Sie das Ganze jetzt noch nicht, sondern gönnen Sie sich ein Gefühl der Zufriedenheit – Sie haben jetzt einen Überblick! Sie können den Wald von oben betrachten, einzelne Bäume anschauen, aber auch ein Bild vom Ganzen sehen. Sie haben jetzt alle Informationen, die zum Ziel führen können. Die Frage ist jetzt: Wie interpretieren Sie diese Informationen, wie fügen Sie das Puzzle zusammen?

Wohin zeigt die Kompassnadel?

Schon im Kapitel über die Sinnfrage haben wir gesehen, dass Sinn durch Verknüpfen bisher unverbundener Elemente entsteht. Welche Tätigkeit für Sie in Zukunft sinnvoll ist, finden Sie, indem Sie die oben genannten Ergebnisse zusammenfügen. Gehen Sie dabei spielerisch zu Werke, driften Sie mit den Komponenten. Wenn Sie nicht so genau wissen, welches Berufsbild dazu passt, können Sie sich im Internet unter www.berufenet.arbeitsagentur.de/berufe/index.jsp durch Eingeben von zentralen Suchbegriffen über nahezu 3800 Berufsbilder informieren. Driften Sie auch durch Jobportale und Stellenanzeigen und gleichen Sie ab, was da gefordert wird und was Sie bieten können. Nehmen Sie sich etwas Zeit für diesen Suchprozess. Wenn es sich abzeichnet, dass Ihr neuer Kurs eher selbstständig zu verwirklichen ist, stellen sich neue Fragen, die Sie unten beantworten können.

Im Fall von Andreas Weber fanden wir am Ende dieses „Zusammenknüpf-Prozesses“, dass er folgende Möglichkeiten hatte:

- Seine Schreib-Fähigkeiten in Weiterbildungen vertiefen mit dem Ziel, später Reiseberichte aus Indien zu veröffentlichen.
- Das Urteil „Es geht nicht“ zu revidieren und die Suche im „politischen Bereich“ wieder aufzunehmen. Den Markt neu zu untersuchen. Welche Institutionen und Firmen sind in Kontakt mit Indien? Wo werden seine Fähigkeiten gebraucht? Also beispielsweise bei der Bundesagentur für Außenwirtschaft nach einer Tätigkeit als Außenhandelskorrespondent in Indien zu suchen.

- Über seine Tätigkeit als IT-Spezialist einen Zugang zu indischen Technologiezentren zu suchen und so mehr „Indien-Erfahrungen" zu sammeln.

Bestimmt haben auch Sie mehrere Möglichkeiten. Denken Sie beim Umsetzen dieser Möglichkeiten daran, dass Sie umso mehr Zeit, Geld und Aufwand brauchen werden, je weiter Sie sich von dem Job entfernen, den Sie momentan haben.

Ihre Selbstinventur ist jetzt bis auf eine Übung beendet. Sie wissen jetzt, mit welcher Innen-Ausstattung Sie runterschalten möchten: Sie haben Ihr berufliches Profil, wissen, was Sie beruflich brauchen, kennen Ihre Stärken und Schwächen und das Maß an Stress, das für Sie verträglich ist. Sie wissen, unter welchen Bedingungen Sie ein guter Steuermann sind und welche Hindernisse und Ängste unterwegs lauern könnten. Sie haben jetzt Ihr neues Ziel vor Augen, das Sie mit Übung Nr. 14 („Das neue Ziel absichern", siehe Seite 110) überprüfen können.

Runterschalten kann auch von gelegentlichem Hochschalten begleitet sein. Vielleicht müssen Sie, um Ihr neues Ziel zu erreichen, erst noch in eine Weiterbildung oder eine Zusatzqualifikation investieren. Vielleicht können Sie aber auch relativ schnell starten, Ihr neues Ziel umzusetzen.

Betrachten Sie in Ruhe, was Sie hier im zweiten Kapitel an Erkenntnissen gesammelt haben und freuen Sie sich darüber: Ihr Steuermann hat gute Arbeit geleistet!

Bevor es heißt, „Den Anker lichten zum Runterschalten", nehmen Sie sich noch einen Moment Zeit für Übung 23 – danach können Sie aufbrechen, vorausgesetzt, dass Sie beim Runterschalten angestellt bleiben wollen. Falls Sie sich aber selbstständig machen wollen, finden Sie dazu im nächsten Kapitel nützliche Hinweise und Übungen. Bestimmt interessiert es Sie ohnehin, wie das Runterschalten im Rückblick aussieht, also dann, wenn man es geschafft hat. Lesen Sie dazu die folgenden Erfahrungsberichte und Interviews. Sie werden sehen, für eine gelungene Umorientierung auf das Wesentliche braucht man vor allem folgendes: gute Planung, Mut und Zeit.

Übung Nr. 23: Was brauche ich, um mein neues Ziel zu erreichen?

- Was muss ich tun?

- Was muss ich planen?

- Wie viel Zeit habe ich für die Veränderung?

- Welche Zwischenziele kann ich mir setzen?

- Welche Kontakte werden mir für die Zielerreichung nützlich sein?

- Was muss ich noch herausfinden/erfahren?

- Welche finanziellen/rechtlichen Bedingungen muss ich beachten?

- Wie steuere ich mich so, dass ich unterwegs nicht aufgebe?

Auf geht's: den Anker lichten

Es kann jetzt losgehen zum neuen Ziel, wenn Ihnen schon klar ist, wie umfassend Sie runterschalten wollen. Möchten Sie das in kleinen, übersichtlichen Schritten tun oder steuern Sie einen grundlegenden Kurswechsel an?

Im Folgenden bekommen Sie Eindrücke und Einblicke darüber, wie es ist, wenn man sich selbstständig macht, wenn man übergangweise Teilzeit arbeitet, oder sich ganz neue Berufsrichtung erschließt.

Etwas Eigenes auf die Beine stellen – der Königsweg?

Endlich sein eigener Chef sein. Schalten und Walten, wie man will. Endlich das machen, was wirklich Spaß macht. Die Selbstständigkeit ist für viele der Königsweg zum Runterschalten: Als Selbstständiger kann man schließlich seine Zeit selbst einteilen und wirklich selbstbestimmt arbeiten – da kann man auch mal weniger arbeiten, oder? Ohnehin kann doch nur „ganz oder gar nicht" fürs Runterschalten gelten – alles andere sind nur lauwarme Kompromisse – meinen Sie?

Nehmen wir das letzte Argument zuerst: Man kann das Runterschalten zwar so sehen, aber das Schöne am Runterschalten ist ja gerade, dass es individuell steuerbar und dosierbar ist. Ich kann in Abstimmung mit den äußeren Gegebenheiten so weit runterschalten, wie es für mich sinnvoll und angemessen ist. Ich bestimme mein neues Ziel selbst, bin mein eigener Steuermann dabei. Einen Königsweg gibt es also nicht, sondern eine Vielzahl möglicher Lösungen. Leicht ist der Prozess meistens nicht – Sie wollen sich von einem vertrauten Verhalten verabschieden und werden auf innere und äußere Widerstände treffen. Wer Sie als Arbeitsbiene kennt, wird Ihnen keine Hängematte zum Ausruhen aufbauen – wenn Sie im gleichen Job bleiben und moderat runterschalten wollen, müssen Sie das durchsetzen, gegen Kollegen und Vorgesetzte. Aber dazu erfahren Sie später mehr – möglich ist es jedenfalls in vielen Fällen.

Die Selbstständigkeit – unterschätzte Chance

Dass Selbstständige sich ihre Zeit selbst einteilen und daher weniger arbeiten können, stimmt und stimmt auch wieder nicht.

Selbstständige tun das, was sie tun, mit großem Einsatz, denn sie hängen vom Erfolg ihrer Tätigkeit direkt ab. Genau dieser direkte Zusammenhang zwischen Erfolg und eigenem Tun ist es aber auch, der die Sinnfrage klar und deutlich beantwortet. Anders als ein Angestellter, der sich manchmal fragt, wozu er all die Überstunden macht, weiß der Selbstständige das ganz genau – er tut es für sich und sein Verständnis von Arbeit. Weniger arbeitet er dabei nicht unbedingt – vielleicht sogar mehr. Gerade in der Anfangszeit, wenn jeder Kunde noch gewonnen werden will, besteht die Gefahr, dass eine falsch verstandene Kundenorientierung zu den gleichen Verwerfungen führt wie im fremdgesteuerten Angestellten-Dasein: Stress, auch am Wochenende und an den Abenden. Da gilt es, rechtzeitig den internen Steuermann zu aktivieren und gegenzusteuern. Als Selbstständiger sind Sie selbst im Dialog mit dem Kunden, niemand sonst. Sie selbst haben auf Ihre Ausgeglichenheit zu achten, die im Übrigen ja auch die Qualität Ihrer Arbeit beeinflusst. Das heißt, Sie können schon mal am Wochenende arbeiten, wenn Sie sich an Wochentagen einen Ausgleich schaffen.

Runterschalten bedeutet nicht um jeden Preis weniger arbeiten. Es heißt, selbstbestimmt arbeiten und sich entscheiden können, wann und wie viel man arbeitet.

Die Selbstständigkeit hat unzählige Erscheinungsformen – vom Soloanbieter einer Dienstleistung über Zusammenschlüsse von selbstständigen Kreativen bis zu Unternehmern in mittelgroßen Betrieben. Wenn hier von Selbstständigkeit die Rede ist, sind vor allem erstere gemeint – Solounternehmer, die mit einer „Idee" an den Markt gehen, die ausbaufähig ist.

Selbstständig zu arbeiten gilt hierzulande als riskant. Für die meisten hört die Beschäftigung damit aus diesem Grund aber schon auf. Die gefühlten Unwägbarkeiten sind zu groß, also lassen viele lieber die Finger davon. Warnungen vor den Risiken einer Existenzgründung sind allgegenwärtig, solides Wissen darüber weniger. Arbeiten heißt nach der Mehrheitsmeinung angestellt sein. Die Selbstständigenquote – also der Anteil der Selbstständigen an der Summe der Erwerbstätigen – ist in Deutschland mit unter zehn Prozent gering. Verglichen mit 18 anderen hochentwickelten Ländern belegt Deutschland den vorletzten Platz (IAB Unternehmensgründungen im internationalen Vergleich. Deutschland – eine Gründungswüste? 2009). Viele fangen erst an, über eine Existenzgründung nachzudenken, wenn sie müssen, also gekündigt sind. Man nennt das eine „pragmatische Gründung" –

Selbstständigkeit als „Notlösung“ oder zweitbeste Wahl. Schade, denn nach Meinung vieler Arbeitsforscher ist das Angestelltenverhältnis ohnehin ein aussterbendes Modell. Unternehmen haben etliche Dienstleistungen, die sie brauchen, ausgelagert und kaufen sie jetzt ein. Egal, ob es die Dienste von Ingenieuren, IT-Fachleuten, Designern, Beratern, Trainern, Zulieferern, Werbe-, und PR-Fachleuten oder Personalexperten sind: Hier ist Bedarf und hier finden sich immer neue Nischen, auch für Einzelunternehmer. Obendrein bietet das Internet ganz neue Möglichkeiten, nicht nur Firmen, sondern auch Einzelkunden anzusprechen. Höchste Zeit also, die Selbstständigkeit als maßgeschneiderte Lösung wahrzunehmen.

Am Anfang steht die Idee

Wer sich selbstständig machen will, muss mit Skepsis rechnen: erstens gegenüber dem Modell als solchem, siehe oben. Zweitens gegenüber der Geschäftsidee. Sie wird gern mit Stirnrunzeln aufgenommen. Eine Idee ist nichts als ein Gedankenspiel, luftig, leicht, unkonkret – kann sich so was durchsetzen? Gibt es dafür überhaupt Abnehmer? Ich stelle Ihnen hier ein paar Ideen vor – was meinen Sie, welche von diesen Ideen hätte eine Chance auf Erfolg?

- Ein Luxustaschen-Mietdienst. Frauen mieten Handtaschen, die tausend Euro und mehr kosten, für eine Woche oder länger im Abonnement. Sie zahlen dafür eine relativ geringe Gebühr und schicken die Taschen nach Gebrauch zurück.
- Eine Setzerei und Druckerei für alte, vor der Schmelze bewahrte Schriften, die Firmen-, und Privatdrucksachen nach althergebrachter Art in Bleisatz herstellt.
- Ein Fahrrad-Reparaturdienst in der Großstadt, der – mit dem Fahrrad – Kunden vor Ort im Falle einer Panne hilft.
- Ein Müsli-Hersteller, der Müslis nach individuellen Wünschen zusammenstellt und an Kunden verschickt.

Nun, wie steht es mit Ihrer Skepsis – welche dieser Ideen halten Sie für ganz und gar unrealisierbar? Bestimmt haben Sie mich durchschaut – alle diese Ideen sind seit einiger Zeit erfolgreich am Markt und werden teilweise schon kopiert. Angefangen haben sie im Fall von mymuesli.com in der Küche einer Studenten-Wohngemeinschaft, mittlerweile hat man eine eigene Produktionshalle und eigene Büros. Auch „luxusbabe.de" fing klein an und hat mittlerweile mehrere Mitarbeiter. Der Fahrrad-Reparaturdienst und die Setzerei sind Berliner Einzelunternehmer, für die diese Arbeitsform stimmt und so bleiben soll. Es liegt in der Natur der Sache, dass eine Geschäftsidee, solange sie noch nicht materialisiert ist, skeptisch aufgenommen wird. Wenn sie sich dann aber bewährt hat, sagen viele gern: „Siehste, hab ich mir doch gleich gedacht ..."

Zu alt zum Steuern?

Der dritte Grund, warum Gründern gern mit Skepsis begegnet wird, ist das Alter. Junge Gründer sind „hip"; Gründern in der Lebensmitte traut man die Sache oft nicht zu. Und das nicht mal ohne Grund: Selbstständigkeit und Angestellt-Sein sind diametral entgegengesetzte Kulturen. Wer sein halbes Berufsleben im Angestelltenverhältnis verbracht hat, wird die Umstellung auf die Eigenständigkeit schwierig finden: Es gibt keinen monatlichen Gehaltszettel, keine bezahlten Urlaubs-, und Krankheitstage. Rechnungen müssen selbst geschrieben, Kunden selbst akquiriert, das Controlling selbst erledigt werden. Als Sologründer hat man keine Kollegen, keine Flurgespräche, keine Vorgesetzten. Man ist „sein eigener Chef" mit der Hoheit über die eigene Zeitgestaltung.

Ein Selbstständiger ist ganz anders mit sich und seinen Stärken und Schwächen konfrontiert als ein Angestellter. Gut möglich, dass er sich bisweilen einsam und „verloren" fühlt, wenn Aufträge ausbleiben oder so gedrängt kommen, dass sie nicht zu bewältigen sind. Gut möglich, dass er endlich von seinen Kunden die Anerkennung bekommt, die ihm als Angestellter immer gefehlt hat. In der Bildlichkeit dieses Buchs ausgedrückt ist der Selbstständige der Steuermann schlechthin – er muss sich selbst steuern können, wird das Steuer nur selten loslassen.

Ein Angestellter ist eher ein unkontrollierter Drifter mit gelegentlichen Ausflügen ans Steuer. Er handelt weisungsgebunden und wird nicht unbedingt für sein Handeln verantwortlich gemacht. Auch der Erhalt seiner Position ist nicht unter seiner Kontrolle, sondern hängt von externen Bedingungen ab.

Ihr „Ja-Wort" zur Selbstständigkeit

Wollen Sie, liebe Leserin, lieber Leser, Ihre Geschäftsidee am Markt vertreten, in guten wie in schlechten Tagen...? Die Selbstständigkeit ist ein besonderes Bündnis mit Ihren Fähigkeiten, ein Ja-Wort zu Ihrer Schaffenskraft, ein Vertrauensbeweis an Ihre Schiffbruch-Kompetenz. Selbstverständlich ist dieses Ja-Wort nicht mehr unbedingt für alle Ewigkeit gedacht, es kann auch Wege zurück in das Angestelltenverhältnis geben. Aber daran will erst mal keiner denken, der sich selbstständig macht, es sei denn, er spekuliert auf Fördergelder. Überprüfen Sie also, bevor Sie dieses Bündnis eingehen, ob es für Sie das richtige ist.

Das unten angebotene „Pluspunkte-Programm" wird Sie bei dieser Überprüfung unterstützen. Ähnlich wie bei einem Raketenstart gibt es zwei Phasen in diesem Programm: eine kühle und eine heiße.

Zuerst fragen Sie sich, ob Sie, Ihre Idee und Ihr Umfeld überhaupt tauglich sind für dieses Vorhaben. Dann kommt die heiße, die eigentliche Gründungsphase, in der es, immer noch vor der Gründung, um die praktische Umsetzung geht. Die in Übung Nr. 18 (siehe Seite 124) enthaltenen Fragen spiegeln auf wenigen Seiten einen Entscheidungsprozess wider, der gründlich durchdacht sein will und mindestens ein halbes Jahr dauern sollte. Wenn Sie merken, Sie selbst werden bei diesem Countdown nicht warm, können Sie ihn jederzeit unterbrechen, nachbessern und wieder anfangen. In der heißen Phase aber sollte der Funke überspringen, damit Sie Ihr Ja-Wort aus vollem Herzen geben können.

Übung Nr. 24: Pluspunkte sammeln für die Selbstständigkeit

Mit dem folgenden „Pluspunkte-Programm“ können Sie feststellen, ob die Selbstständigkeit zu Ihnen passt. Je mehr Fragen Sie mit „Ja“ beantworten, desto mehr Pluspunkte können Sie für die Selbstständigkeit sammeln.

Phase 1:

1. Haben Sie bei der bisherigen Bestandsaufnahme festgestellt, dass Sie gern steuern und an das Steuern gewohnt sind?

   Mit „Steuern Können“ ist hier gemeint:

   - Motivationstiefs und praktische Hindernisse überwinden
   - Rückschläge verdauen können, einen „Plan B“ (sie Seite xxx) haben
   - Die situativ richtigen Prioritäten setzen
   - Reich an Ideen sein – driften können!
   - Verantwortung für das eigene Wohlergehen tragen – also ausgewogen arbeiten, nicht in Arbeitssucht verfallen, die Zeit gut selbst einteilen, entscheiden können, wann Sie driften wollen
   - Eigene Erfolge belohnen und für Anerkennung sorgen
   - Neues lernen wollen
   - Die eigenen Geschäftsabläufe gestalten: Arbeitsorganisation, Verwaltung, Controlling, Marketing, Rechnungsstellung, Kundenmanagement
   - Die eigenen Schwächen und Stärken kennen

Ja ☐ Nein ☐

2. Passt Ihre Geschäftsidee zu Ihnen?

In Übung Nr. 14 (Seite 110) haben Sie Ihre persönlichen Werte festgehalten. Stimmt Ihre Geschäftsidee mit Ihren Werten überein? Passt sie auch zu dem, was Sie laut Übung Nr. 15 (Seite 116) „beruflich brauchen?“ Können Sie einen Großteil Ihrer in der Kompetenz-Matrix gesammelten beruflichen Kompetenzen einbringen? Bleibt der Ballast, den Sie oben aussortiert haben, von Bord?

Ja ☐ Nein ☐

3. Steht Ihre Idee auf gesunden finanziellen Beinen?

Haben Sie einen Überblick über Ihren momentanen finanziellen Status und Ihr Einsparpotential (Übung Nr. 16, Seite 118)? Haben Sie einen realistischen Business-Plan? Haben Sie ausreichend Startkapital, um notfalls eine Übergangszeit von zwei Jahren zu überbrücken?

Ja ☐ Nein ☐

4. Stehen Sie hinter Ihrer Idee?

Sind Sie davon begeistert? Können Sie sie verteidigen und andere davon überzeugen? Mehr noch, haben Sie Biss und Ausdauer, um die Idee durchzusetzen?

Ja ☐ Nein ☐

5. Haben Sie Unterstützer für die Idee?

Egal, ob materiell oder ideell – die Menschen, die Ihnen wichtig sind, sollten mit Ihnen an einem Strang ziehen und Sie bei Ihrem Vorhaben unterstützen.

Ja ☐ Nein ☐

6. Sind Sie gesund und leistungsfähig?

Man kann es nicht oft genug sagen: Wenn Sie unter einem Burnout leiden, kurieren Sie sich erst aus! Die Umorientierung in Ihrem Leben wird Kraft kosten, und wenn Sie schon von vornherein mit leeren Batterien antreten, kann aus dem Neuanfang ein Schiffbruch werden.

Ja ☐ Nein ☐

7. Ist Ihr Ziel „überprüft"?

Haben Sie Ihre Geschäftsidee und die damit verbundenen Ziele mit den Fragen aus Übung Nr. 13 überprüft (siehe Seite 109)? Ist die Idee also für Sie erreichbar, steht sie weitgehend unter Ihrer Kontrolle und ist sie vorstellbar und messbar?

Ja ☐ Nein ☐

Phase 2:

8. Wissen Sie genug über die Selbstständigkeit und die Risiken, die auf Sie warten?

Haben Sie sich ausreichend über die rechtlichen Formen der Selbstständigkeit, die steuerlichen und finanziellen Rahmenbedingungen informiert? Damit meine ich nicht, dass Sie jemanden kennen, der sich selbstständig gemacht hat und glauben, was der kann, kann ich auch. Sondern ich frage Sie vielmehr: Genügt Ihr Wissensstand? Welche kaufmännischen Erfahrungen haben Sie? Wollen Sie ein Gewerbe anmelden oder als Freiberufler starten? Wissen Sie genug über Förderprogramme und haben Sie einen soliden Geschäftsplan? (Weiterführende links über den Businessplan und die Gründung finden Sie im Anhang.) Haben Sie schon eine Berufsunfähigkeitsversicherung? Planen Sie, sich gegen den Ausfall bei Krankheit zu versichern?

Ja ☐ Nein ☐

9. Ist Ihre Geschäftsidee markttauglich?

Ist das Marktsegment, das Sie anpeilen, im Aufschwung? Kennen Sie den Markt? Welche Zielgruppe haben Sie, welche Wettbewerber? Was ist Ihr Alleinstellungsmerkmal? Welchen Nutzen haben Ihre Kunden von Ihrem Produkt/Ihrer Dienstleistung? Wie ist die allgemeine wirtschaftliche Lage, erlaubt sie ein erfolgreiches Steuern Ihrerseits? Gibt es gesetzliche Auflagen, die Sie beachten müssen?

Ja ☐ Nein ☐

10. Ist Ihnen klar, wie Sie Ihre Kunden ansprechen?

Welche Kanäle wollen Sie für das Marketing wählen und wie aussichtsreich sind diese? Können Sie möglicherweise einen Kundenstamm übernehmen? Was wollen Sie zur Kundenpflege tun? Können Sie sich selbst „verkaufen"? Sind Sie kontaktfreudig?

Ja ☐ Nein ☐

Ein eindeutiges „Jein"

Ihre Antworten auf die oben gestellten Fragen ergeben kein eindeutiges Ergebnis? Mit dem Pluspunkte-Programm ist es wie mit einer Bewerbung auf eine Stelle: Hundertprozentig passt das eigene Profil selten. Angenommen, eine reizvolle Stellenausschreibung fordert ein Studium, Sie haben aber keins, sondern „nur“ zehn Jahre Erfahrung in dem Metier – was machen Sie? Geben Sie auf, verzichten Sie auf die Bewerbung oder rufen Sie die Personalabteilung an, bieten Ihre Stärken an und finden Sie heraus, ob dieser Punkt verhandelbar ist?

Wenn Sie die letztere Variante wählen, können Sie sich übrigens noch einen Pluspunkt für die Selbstständigkeit geben – dann haben Sie den „Kampfgeist“, der nötig ist, um die eigene Sache zu vertreten.

Es kann also sein, dass Sie die Fragen aus dem Pluspunkte-Programm für die Selbstständigkeit nur teilweise mit „Ja“ beantworten. Das ist sogar erwartbar. Kaum jemand startet als ausgereifter Unternehmer in die Selbstständigkeit – Sie wissen ja, Schwächen gehören dazu und die Bereitschaft, lernen zu können, auch aus Fehlern, die man macht. Bekanntermaßen gehört zum Selbstständig-Sein ja noch eine Fähigkeit: Risikobereitschaft.

Es liegt also an Ihnen – an Ihrem Steuermann -, zu bewerten, wie hinderlich diese Schwächen für den Ausgang Ihres Projektes sein können. Liegen die Schwächen in einem Bereich, den Sie für erlernbar halten, und zwar in überschaubaren Zeiträumen? Prima, dann lernen Sie! Die Selbstständigkeit ist ganz klar ein Programm für persönliches Wachstum, sie wird Ihnen – auch, wenn Sie schon schiffbruchkompetent sind – ganz neue Einblicke in Ihre Schaffenskraft und Ihre Fähigkeiten ermöglichen.

Abzuraten ist von dem Vorhaben, wenn die Geschäftsidee schwach ist – aber wie gesagt, fast jede Geschäftsidee trifft erst mal auf Skepsis. Es „trotzdem zu wagen“ ist auch so etwas wie eine „Unternehmer-Taufe“ – sich gegen Widerstände durchsetzen, es allen beweisen. Vorsicht ist aber geraten, wenn Sie auf der finanziellen Seite nicht punkten können und von Ihnen und Ihrem Erfolg möglicherweise auch das Wohl Ihrer Familie abhängt. In diesem Fall lassen Sie sich besser nicht auf das Experiment „Selbstständigkeit“ ein, oder Sie arbeiten noch mal an der Konsolidierung der Finanzen.

Vielleicht bietet sich als Alternative aber auch ein Start als Nebentätigkeit an. So können Sie die Tragfähigkeit Ihrer Idee mit eingeschränktem Risiko testen. Über das Internet können Sie mit vergleichsweise geringen Mitteln Kunden ansprechen und die Marktfähigkeit Ihrer Idee erproben. Laut KfW-Gründungsmonitor (2009) ist dies noch vor den Vollerwerbsgründungen in Deutschland die beliebteste Gründungsvariante. Einen Nachteil hat sie allerdings: Sie erfordert auch für die Nebentätigkeit vollen Einsatz, die Arbeitstage werden erst mal eher länger als kürzer.

Falls Sie aber Größeres wagen wollen, Eigenkapital mitbringen und kaufmännisch erfahren sind, gibt es noch eine andere Variante, die Ihnen die Gründungsphase erspart: Sie können unter „nexxt-change.de“ kleine und mittelständische Firmen finden, die Nachfolger suchen und direkt in ein bestehendes Unternehmen einsteigen. Oder Sie finden ein gut eingeführtes Ladengeschäft mit zwei bis drei Angestellten, das verkauft werden soll. Auf der Site nexxt-change suchen Unternehmer, die vor einem Generationswechsel stehen und keinen eigenen Nachfolger haben, nach externen Übernehmern. Das Verhältnis von Suchenden zu Übernahmewilligen liegt bei zwei zu eins, es gibt also deutlich mehr Angebote. Natürlich ist auch ein solcher Übergabe-Prozess nicht einfach und mit Schwierigkeiten behaftet, aber schon die Internetseite gibt mit Erfahrungsberichten von Übernehmern gute Einblicke in diese erwartbaren Schwierigkeiten.

Sie sehen also: Egal, ob Sie selbst gründen oder ein bestehendes Unternehmen übernehmen wollen, es gibt viele Wege in die Selbstständigkeit. Die folgenden beiden Interviews stellen Ihnen zwei Gründer vor, die beide auf ein selbstbestimmteres Leben runtergeschaltet haben. Die Wege von Peter Ferres, der eine Schule gegründet hat, und Ulrike Stehling, die als Solounternehmerin eine Internetagentur leitet, zeigen, dass es wirklich keinen Königsweg zum Runterschalten gibt. Jeder der beiden Selbstständigen hat die für sich optimale Variante gewählt, jeder ist unterschiedliche Risiken eingegangen und ist am Ende hochzufrieden mit der eigenen Wahl.

Interview: Wie man eine internationale Schule gründet

Im Gespräch mit Peter Ferres, Gründer der Metropolitan School Frankfurt

Peter Ferres war 20 Jahre lang im Bankgewerbe, davon 17 Jahre im Investmentbanking, bevor er die Metropolitan School in Frankfurt gegründet hat. Er meint, dass er als Banker viel gelernt hat, was er jetzt brauchen kann: unterschiedliche Abteilungen leiten, Businesspläne beurteilen, verhandeln, kleine und große Firmen finanziell betreuen. Andererseits hat er auch immer schon Fortbildungen organisiert und sich um Uniabsolventen gekümmert. Das Thema Lernen hat sich durch sein Leben gezogen, und jetzt, sagt er, macht er eben in Reinkultur, was er vorher nebenher gemacht hat.

Herr Ferres, woran haben Sie bemerkt, dass es Zeit wird für eine berufliche Kursänderung?

> Also, es war nicht so, dass da so eine Sanduhr abläuft – sondern ich habe immer gern neue Sachen gemacht, aber in meinem Beruf kam jetzt nichts wesentlich Neues mehr. Dann wird es langweiliger, man hat alles irgendwo schon mal gesehen, und dann merkt man, dass man noch mal etwas anderes tun will.

Wie lange ist diese Kursänderung jetzt her und wie lange hat die Umsetzung gedauert?

Der Start der Schule war im August 2007. Die Idee hatte ich sieben Jahre vor meiner Kündigung. Konkret wurde das alles ein halbes Jahr vor der Kündigung und intensiv ab dem Ausstieg.

Welche Schritte waren von der Idee bis zur Umsetzung notwendig?

Die Ausgestaltung des Lehrplans war langwierig, die Lehrerauswahl auch und die Mitgliedschaft in bestimmten Schulverbänden. Das ist alles Teil der Detailphase, wo es um genaue Planung in jedem einzelnen Bereich geht. Dass es auch noch einen Kindergarten geben würde, ergab sich erst Ende 2005. Wir vermitteln Englisch so früh und intensiv, dass die Kinder im ersten Schuljahr schon perfekt sind. Außerdem passt das gut ins Konzept, weil wir dadurch Kindergartenfinanzierung bekommen und das an die Eltern mit einem vergleichsweise günstigen Angebot weitergeben. Die Umsetzungsschritte liefen meist parallel: die pädagogische Arbeit, die Genehmigungsfragen, die Immobiliensuche, die Finanzierungsgespräche mit acht Banken und auch meine Lehrerausbildung in England. Von da bin ich am Wochenende nach Deutschland geflogen und habe Elternabende abgehalten. Hinzu kam das ganze Marketing mit Plakaten, Webseite, Anzeigen, das war auch schon ein Vollzeitjob.

Wie würden Sie die seelischen Stadien beschreiben, die Sie durchlebten, bis der Entschluss zur Kursänderung da war?

Wenn es konkret wird ist das, wie wenn man auf dem 5-Meterbrett im Schwimmbad steht. Und nach dem Sprung fällt man natürlich erst mal in ein Loch. Die E-Mail-Flut und die Anrufe stoppen abrupt. Ich hatte einen Blackberry und war stolz auf meine 1800 Firmenadressen und Kontakte, da sprudelten jede Minute die E-Mails rein. Heute sehe ich es als ein Privileg, keinen Blackberry haben zu müssen. Ich fühlte mich seitdem freier als je in den 20 Jahren zuvor.

War Ihr neues Ziel ein langgehegter Wunsch oder gab es auch Anregungen von außen?

Nein, das kam von mir selbst. So eine Schule, das ist auch nicht irgendein Produkt, von dem man sagen kann, das passt in den Markt und davon verkaufen wir mal so viel wie möglich. Die Familien, die hierher kommen, vertrauen mir ihre Kinder an und wollen sichergehen, dass ihr Kind hier fünfzehn Jahre vom Kindergarten bis zum internationalen Abitur bleiben kann.

Wie sah die Unterstützung für Ihre Idee aus?

Sachunterstützung bekommt man sehr wenig. Aber moralische Unterstützung ist wichtig, hauptsächlich von der Familie, aber auch von Freunden. Nicht alle waren gleich überzeugt, denn da ging es um mindestens zwei Jahre ohne Einkommen, bis die Schule richtig läuft. Natürlich hat man da schlaflose Nächte, in denen man sich fragt, ob das alles genau so funktionieren wird, wie es im Businessplan steht. Fast alle Banker in meinem Umfeld sagten, „damit kann man kein Geld verdienen". Deren Weltbild ist ganz anders – wenn die sich selbstständig machen, dann wollen sie das maximale Geld machen. Aus diesem Umfeld kommend muss man einen detaillierten Plan haben und felsenfest überzeugt sein von dem, was man will.

Gab es eine finanzielle oder Motivations-Durststrecke?

Klar gab es Durststrecken, glatt läuft ein großes Projekt nie. Da unser Riesengebäude hier kein Schulgebäude war, mussten viele teure Umbauten eingeleitet werden. Fast jede Woche hatten wir ein kleines Desaster, unter anderem einen Baustopp. Da fehlten einige Formalitäten im Rahmen der Baugenehmigung. Da hieß es Nerven bewahren. Solche Momente kannte ich aber aus meiner Projektarbeit in der Bank und habe das alles letztlich gut gelöst.

Inwiefern haben Sie „runtergeschaltet" – wovon mussten/wollten Sie sich verabschieden? Was an der neuen Tätigkeit ist ganz „Ihr Eigenes"?

Runtergeschaltet habe ich vor diesem ganzen Desaster in der Bankenindustrie. Das Investmentbanking ist schon recht extrem, es gab oft sechzig Stunden Arbeit die Woche, oft Nachtschichten und regelmäßig Wochenendarbeit. Dazu gehörte auch die komplette 24-Stunden-Bereitschaft mit nächtlichen Telefonaten, weil New York in einer anderen Zeitzone ist. Mal eine Nacht durchzuarbeiten, das geht schon, aber in der zweiten Nacht ist mir dann schon öfter mal der Kopf auf die Tischkante gefallen. Am Anfang, als junger Mitarbeiter war das aufregend, aber zum Schluss war das einfach verrückt und schlicht falsch aus meiner Sicht. Es war ein Runterschalten von diesem gewaltigen Druck. Allerdings war ich so auch gut vorbereitet, denn von allem, was hier in der Vorbereitung an kleinen Desastern kam, konnte mich nichts wirklich erschüttern.

Also, wir arbeiten hier auch hart und professionell, haben auch einen Acht-Stunden-Tag, wir bieten viel Service für die Eltern, aber trotzdem ist es unsere eigene, angemessene Arbeitskultur.

Was haben Sie getan, um Hindernisse zu bewältigen?

Ich habe nie aufgegeben, habe mich auf meine Erfahrung verlassen können und an meinen Erfolg geglaubt.

Wie wichtig waren finanzielle Erwägungen? Würden Sie sich als sicherheitsbewussten Menschen bezeichnen?

Wenn ich kein Banker gewesen wäre, hätte ich das nicht auf die Beine stellen können. Das Businessmodell ist ein 36-seitiges Excelsheet mit 35 Eingabefeldern, von BAT-Gehaltsgruppen über Zinssätze zu Inflationsraten. Das Modell errechnet Ihnen genau, in welchem Jahr Sie einen positiven Cashflow haben. Das hilft enorm, Kreditgeber zu überzeugen. Also Finanzen sind elementar. So konnte ich eine richtige Schule aufmachen, im Vergleich zu manchen Hinterhof-Modellen von Elterninitiativen, die das von der Größe und Struktur nicht hinkriegen. Zum Sicherheitsbewusstsein: Ich bin immer schon Risiken eingegangen. Wenn Sie Risiken scheuen, fangen Sie nicht in einer Investment-Bank an, dann machen Sie eher das Kredit-Geschäft. Mich hat ein bisschen Risiko immer interessiert, aber in Maßen. Ich habe hier jetzt auch nicht alles auf eine Karte gesetzt, sondern habe das mit Banken finanziert.

Wie fühlt sich Ihr neues Leben an?

Rundum gut! Mich erfüllt der neue Job und zudem habe ich noch nie so viel Zeit mit der Familie verbracht. Die Herausforderungen der Schulleitung sind alle nicht von dem Kaliber wie frühere berufliche Herausforderungen. Das ist eine erhebliche Entlastung. Mein heutiges Leben ist freier und nicht mehr fremdbestimmt. Ich entscheide alleine und muss mich nicht in all den Gremien rechtfertigen. Ganz wichtig ist auch, dass ich jetzt näher mit Menschen arbeite – meist mit Kindern. Deshalb ist auch das Feedback für meine Arbeit direkter und echter. Außerdem habe ich jetzt mehr Zeit. Wir hatten ein dreißigjähriges Klassentreffen vor ein paar Monaten – da konnte ich hingehen. Ich treibe jetzt regelmäßig Sport, dafür hatte ich vorher nie Zeit, das genieße ich.

Fehlt Ihnen etwas aus Ihrem früheren Leben: Status, Inhalte oder Herausforderungen?

Im Moment nichts. Es kann vielleicht noch kommen, dass ich mal sage, ich will wieder mehr reisen. Dann kann ich aber auch zu den Einstellungsgesprächen mit unseren internationalen Lehrern nach London und die Ostküste der USA reisen. Aber im Moment genieße ich es sehr, jede Nacht im eigenen Bett zu schlafen. Ich sitze nicht mehr in diesen Airport-Senator und Gold-Club Lounges, darüber bin ich froh.

Sind Sie jetzt auch finanziell zufrieden, hat sich Ihre neue Tätigkeit als zukunftstauglich bewährt?

Ich habe jetzt ein geringeres Monatseinkommen. Das stört mich aber überhaupt nicht, weil ich im Übrigen auch in meiner Bankerzeit nie so hohe Ausgaben hatte wie meine Kollegen. Meine Familie und ich können gut leben und haben alles, was wir brauchen. Wir sind nie auf die Seychellen gefahren und das fehlt uns auch nicht.

Wenn Sie jetzt zurückblicken, würden Sie bestimmte Dinge in Bezug auf die Kursänderung anders machen?

Ich hätte das Gleiche vielleicht früher machen sollen. Aber das ist nicht schlimm. Wären wir früher gestartet, hätten wir jetzt noch mal hundert Schüler mehr, das ist aber nicht entscheidend.

Inwieweit brauchten Sie zum Runterschalten Ihre eigene Steuerleistung? Konnten Sie unterwegs auch mal driften?

Fast zu hundert Prozent musste ich selbst steuern. Aber Sie haben dann auch das Gefühl, dass Sie voll selbst am Ruder sind. Ich war Partner in Investmentbanken, und da haben Sie bei den Transaktionen nicht halb so viel Einfluss wie jemand, der eine eigene Firma aufmacht.

Was würden Sie anderen Menschen raten, die auch vorhaben, runterzuschalten?

Dass sie sich lange und ausgiebig selbst fragen, was sie begeistert, denn wirklich gut und mit vollem Engagement kann man langfristig nur Sachen machen, die einen begeistern. Und dann ist der nächste Schritt der, dass man überprüft, ob das Vorhaben – wie die Wirtschaftler sagen – in einem Wachstumssegment liegt. Denn Sie können eine ganz tolle Idee haben und arbeiten sich tot, wenn Sie in einem stagnierenden oder gar schrumpfenden Markt tätig sind. Wenn man diese zwei Faktoren kombiniert, dann kann man fast sicher sein, dass die Selbständigkeit ein Erfolg wird.

Interview: Wie man eine Internetagentur gründet

Im Gespräch mit Ulrike Stehling, Gründerin der Internetagentur x7

Ulrike Stehling hat Geisteswissenschaften studiert – katholische Theologie und Germanistik. Parallel zum Studium hatte sie ein Schreibbüro, wo sie Abschlussarbeiten tippte und für einen befreundeten Verlag und für Professoren Bücher setzte. Das war schon eine erste Art von Selbstständigkeit. Ihre folgenden Tätigkeiten – Sekretärin an der Fakultät, Kundensupport bei einer Computerkette, Software-Schulungen für ein Mobilfunkunternehmen – zeigten ihr, dass eine ihrer Stärken an der Schnittstelle zwischen Technik und Kommunikation liegt. Die EDV-Trainings waren zunächst eine echte Herausforderung, weil sie es da mit Geschäftsprozessen zu tun hatte, von denen sie vorher kaum etwas wusste. Die Trainings führte sie ein Jahr lang in verschiedenen Geschäftsstellen in Deutschland durch. Bei den vielen Zugreisen reifte ihr Entschluss, sich selbstständig zu machen.

Frau Stehling, woran haben Sie bemerkt, dass es Zeit wird für eine berufliche Kursänderung in Ihrem Leben?

> Ganz einfach – ich habe mich geärgert. Als EDV-Trainerin in diesem großen Unternehmen war ich genau an der Front – die Software, die ich erklären sollte, hatte nämlich so viele Mängel, dass sich die Leute immer nur beschwert haben. Ich habe dann mein Konzept erweitert und mit den Leuten gemeinsam Feedback erarbeitet, um konstruktive Impulse für die Produktentwicklung zu geben. Es gab ständig neue Versionen, und diese Punkte hätten eingebaut werden können. Aber diese Energie von mir und den Teilnehmern versandete einfach. Es kümmerte sich keiner drum. Da wurde ein Programm durchgezogen, mit hohem Aufwand, auch an Investitionen, und es war immer deutlicher abzusehen, dass sie das Geld ebenso gut hätten zum

Fenster rauswerfen können, und dass sie das Ganze letztlich kippen würden. So war es dann auch. Gut, ich habe Geld verdient, und ich konnte nicht klagen. Aber es war sinnlos. Und ich wollte nicht mehr zwischen zwei Entscheidern hängen müssen, die alles, was sozusagen „von unten" kommt, ignorierten. Da wurde mir klar: Ich mache mich selbständig!

Wie lange ist diese Kursänderung jetzt her und wie lange hat die Umsetzung gedauert?

Ende 1999 habe ich die Firma gegründet. Erst kam der Entschluss und dann alles, was dazu gehört – Businessplan, Marketingausrichtung, das muss alles sauber geplant sein. Mein Businessplan war wohl ziemlich überdimensioniert, ich habe das aber auch für die Annäherung an das Projekt gebraucht. Ich wollte damals Überbrückungsgeld beantragen und der Steuerberater musste es absegnen. Ich glaube, da hätte ein simples Excel-Sheet gereicht. Aber ich habe ein Dossier gemacht, mit Marktforschung und allem drum und dran. Manchmal denke ich, da habe ich zu viel Zeit verbraucht, aber das war wohl wichtig für mich. So habe ich mich in das unternehmerische Denken hineingearbeitet. Und nicht zuletzt habe ich so meinen ersten Kunden bekommen: den Steuerberater!

Wie haben Sie Ihr neues Ziel gefunden? War das ein lang gehegter Wunsch?

Ich habe das gemacht, was ich konnte: Buchsatz, Covergestaltung, Internetrecherche, Webdesign.

Wie sah die Unterstützung für Ihre Idee aus?

Die moralische Unterstützung war wichtig, auch wenn kritische Fragen gestellt worden sind – grundsätzlich hat aber niemand an mir gezweifelt. Auch finanzielle Unterstützung war wichtig – in der Gründungsphase und auch einmal später.

Gab es eine finanzielle oder Motivations-Durststrecke?

Es gab Momente, da hat man einfach Existenzängste, da fragt man sich, kommt wieder ein Auftrag rein? Aber Motivationskrisen gab es keine, dazu hat das, was ich hier mache, zu viel Spaß gemacht und ich habe auch schnell gemerkt, dass es einfach richtig ist, was ich mache.

Inwiefern haben Sie „runtergeschaltet" – wovon mussten und wollten Sie sich verabschieden? Und was an der neuen Tätigkeit ist ganz „Ihr Eigenes"?

Ich habe nicht lange angestellt gearbeitet, deshalb musste ich mich von keinem Sicherheitsgefühl verabschieden. Aber in positiver Weise konnte ich mich von dem Fremdgesteuert-Sein verabschieden. Das war ein wunderbarer Abschied.

Was haben Sie getan, um Hindernisse und Risiken zu bewältigen?

Das Hindernis war, dass ich alles lernen musste – ich war Geisteswissenschaftlerin und keine Geschäftsfrau. Ich hatte auch keine Ahnung von Kundenakquise und Kundengespräch und die Sachkenntnis fürs Webdesign fehlte auch, das habe ich alles selbstständig gelernt. Aber diese Hindernisse habe ich nicht gescheut, es war immer klar, dass ich Neues lernen kann. Ich kann mir beibringen, was ich lernen will.

Wie wichtig waren finanzielle Erwägungen? Würden Sie sich als „sicherheitsbewussten" Menschen bezeichnen?

Die finanzielle Seite ist auf jeden Fall wichtig, denn man muss ja davon leben können, was man macht. Und ohne Unterstützung hätte ich es nicht geschafft. Es ist natürlich ein Wagnis, aber ein überschaubares, denn ich habe es dabei komplett mit mir zu tun, und auf mich kann ich mich verlassen. Und wenn ich etwas will, dann schaffe ich das auch. Und deshalb konnte ich auch sagen, okay, du kannst das nicht, dann lernst du es!

Wie fühlt sich Ihr neues Leben an, inwiefern unterscheidet es sich von Ihrem früheren Leben?

Sehr gut. Es ist ja nun schon ein paar Tage alt, aber das Wichtigste ist, dass ich meine eigene Chefin bin. Ich kann mir meine Zeit selbst einteilen, ich kann mir meine Kunden aussuchen. Es fühlt sich großartig an.

Fehlt Ihnen etwas aus Ihrem früheren Leben: Status, Inhalte oder Herausforderungen?

Das Einzige, was mir fehlt, ist, dass ich gern mal im Team arbeiten würde. Das geht aber nicht nur mir so, sondern auch Netzwerk-Kolleginnen und deshalb vernetzen wir uns auch und tauschen uns aus. Das sind für mich quasi Flurgespräche. Aber auch mit anderen an einer Sache arbeiten würde mich reizen. Aber das kann man ja auch in Kooperation machen – der andere ist dann genauso selbstständig, und man macht gemeinsam Projektarbeit. So was mache ich in den letzten Jahren öfter.

Sind Sie jetzt auch finanziell zufrieden, hat sich Ihre neue Tätigkeit als zukunftstauglich bewährt?

Ja, das hat sie. Ich könnte weniger wählerisch mit meinen Kunden sein, dann würde ich mehr Umsatz machen. Das möchte ich aber nicht – ich arbeite lieber mit Herzblut an dem, was ich mache. Egal, ob es dabei um Nanotechnologie oder um andere mittelständische Unternehmen mit einer besonderen Kundenorientierung geht: Ich versuche, das Einzigartige an ihnen herauszuarbeiten, das ist immer wieder aufregend und reizvoll. Ich muss natürlich wach sein und flexibel bleiben. Die Internetbranche ist ja sehr lebendig, und ich muss immer dazu lernen.

Wenn Sie jetzt zurückblicken, würden Sie bestimmte Dinge in Bezug auf die Kursänderung anders machen, und wenn ja, welche?

Nein, nichts.

Inwieweit brauchten Sie zum Runterschalten Ihre eigene Steuerleistung; konnten Sie unterwegs auch mal driften?

Die eigene Steuerleistung braucht man zu hundert Prozent, auch wenn man mal draußen liegt und die Sonne genießt – das ist dann auch eine bewusst gesteuerte Entscheidung. In der Gründungsphase konnte ich eher nicht driften, obwohl das eine aufregend neue Mischung war zwischen Strategie und dem Abarbeiten der vielen Planungspunkte. Aber es ist auch dieser herrliche Aufbruch – man weiß nicht genau, was da jetzt kommt. Aber ich habe dann später das Driften gelernt und als eigene Methode schätzen gelernt. Nicht nur als Entspannung, sondern ich kann viel effektiver arbeiten, wenn ich mir das Driften innerhalb von Projekten und Aufträgen erlaube. Dabei geht es jetzt nicht nur um kreative Prozesse, sondern überhaupt um Problemlösungen innerhalb eines Auftrags – oder auch im privaten Leben, was ich übrigens kaum mehr als getrennt empfinde: Leben und Arbeiten.

Was würden Sie anderen Menschen raten, die auch vorhaben, runterzuschalten?

Es unbedingt zu tun! Wobei ich glaube, dass eine Menge Menschen den heimlichen Wunsch dazu haben, aber nicht wissen, wie sie das im Alltag machen sollen. Man steckt in einem großen Geflecht von Anforderungen, Beruf, Familie, Freunde, und sich da mal rauszuziehen – also mal zur Besinnung zu kommen und sich zu fragen, was kann ich, was will ich und was brauche ich dazu ... Dafür braucht man Zeit und Muße. Doch das halte ich für elementar wichtig, und ich glaube, das sollte sich jeder Mensch mal gönnen. Das sollte man nicht immer wieder vor sich her schieben – denn es lohnt sich sehr.

Angestellt bleiben, aber anders

Wenn Sie Ihrer Arbeit und Ihrem Unternehmen treu bleiben und trotzdem runterschalten wollen, haben Sie drei Möglichkeiten: ein Sabbatical einzulegen, falls Ihr Unternehmen das anbietet, keine Überstunden mehr zu machen oder auf Teilzeit umzuschwenken.

Zur ersten Möglichkeit: Ein Sabbatical ist in Deutschland die Luxusvariante des befristeten Runterschaltens – Schätzungen zufolge bieten es nur drei Prozent der Unternehmen an, einen gesetzlichen Anspruch wie bei Teilzeit gibt es nicht. Schade eigentlich, denn die Rückkehrer sind meist frisch motiviert und gehen mit neuem Elan zu Werk, und davon profitiert das Unternehmen.

Das Sabbatical kann von drei bis zwölf Monaten dauern und für Reisen oder Weiterbildung genutzt werden. Wer eine solche Auszeit vom Job machen möchte, kann in Absprache mit dem Unternehmen Überstunden und nicht genommenen Urlaub auf einem Arbeitszeitkonto ansparen. Oder drei Jahre lang 40 Stunden pro Woche arbeiten und sich für das geplante freie Jahr nur 30 Stunden bezahlen lassen. Oder ein Jahr auf einer bezahlten Halbtagsstelle Vollzeit arbeiten und sich den überschüssigen Lohn im Sabbatjahr auszahlen lassen – viele Wege führen zum Ziel.

Die zweite Möglichkeit, auf normale Arbeitszeiten runterzuschalten, fordert Ihnen eine große Steuerleistung ab: Sie müssen Ihr vertrautes und vom Arbeitsumfeld erwartetes Verhalten ändern. Dabei besteht die Gefahr, dass Sie wieder „rückfällig" werden, besonders, wenn Sie an Ihrem Arbeitsplatz die sogenannte „Vertrauensarbeitszeit" haben, erwiesenermaßen ein Tarnkonstrukt für die Anhäufung von Überstunden: Da arbeiten alle mehr, als vertraglich geregelt ist – und Sie wollen plötzlich davon abweichen?

Bestimmt sehen Sie sich dann unter Rechtfertigungsdruck und möchten ein Alibi haben, einen externen Grund außer Ihrem Wunsch, mehr Zeit für sich zu haben. Das ist immer ein zweischneidiges Schwert und hängt auch davon ab, wie viel Sie bisher von sich preisgegeben haben.

Es gibt aber auch Fälle, in denen der Anlass für die „Zurück-auf-Normal-Reduktion" vom Unternehmen gewissermaßen selbst geliefert wird, wie der Fall Heike Escher zeigt.

Er zeigt uns, dass an einem bestimmten Punkt im Leben viele betrieblichen Schwerstarbeiter merken, dass sie auch weniger involviert sein können, ohne gleich als „faul" gebrandmarkt zu werden. Im Gegenteil – eine größere Gelassenheit scheint den Geschäftsabläufen sogar gut zu tun.

Es gibt ein Leben nach der Arbeit

Nachdem sie endlich wieder bei einer 40-Stunden-Woche angekommen war, fragt sich Heike Escher heute, warum sie das nicht früher gemacht hat. Oder, anders formuliert: „Warum habe ich das Ganze eigentlich so ernst genommen?"

Beispiel

Heike Escher, Mitte 40, hat es weit gebracht in ihrem Leben. Eigenständig zu leben war immer ihr Ziel. Die Eltern hatten ihr geraten, eine Ausbildung als Bürokauffrau zu machen. Das reichte ihr nicht. Die anfängliche Ziellosigkeit hatte sich gewandelt, als sie während der Lehre ihre Leidenschaft für Wirtschaftsthemen entdeckte: Betriebswirtin zu werden, Unternehmensprozesse mit zu gestalten, davon träumte sie. Um dieses Ziel zu erreichen, aktivierte sie ihren inneren Steuermann: Parallel zu einem Acht-Stunden-Job in einer Behörde machte sie am Abendgymnasium die Fachhochschulreife nach. Mit Mitte 20 begann sie ein BWL-Studium, das sie als Diplom-Betriebswirtin abschloss.
Von da an ging es bergauf mit ihr – drei Firmenwechsel, enormer Arbeitseinsatz, und sie arbeitet da, wo sie immer hinwollte: als Direktorin im Finanzbereich einer Weltfirma.

Heike Escher hat immer hart gearbeitet, sagt sie, aber besonders in jüngster Zeit. Die Abteilungen waren unterbesetzt, da musste sie selbst mit anpacken, wenn es brannte. Es brannte so oft, dass sie selten vor zehn Uhr abends nach Hause kam. Sie hat in ihrer eigenen Wohnung „biwakiert“, meint sie stirnrunzelnd, sie war zu Gast in den eigenen vier Wänden.

Dann kam eine Umstrukturierung und die erwartete Beförderung blieb aus. Ein plötzlicher Halt. Stagnation kannte Heike Escher bis dahin nicht, es war immer gerade nach oben gegangen. Heike Escher war wütend und verzweifelt. Schlaflose Nächte folgten, in denen sie sich fragte, was sie falsch gemacht hatte.

All die Arbeit – umsonst! Sie war in einer Sackgasse in dieser verdammten Firma gelandet, die nicht zu schätzen wusste, was sie für sie leistete. Sie hatte dieser Firma Lebenszeit gegeben, in einer Phase, wo andere Frauen sich ihren Kindern widmen und vielleicht nebenher etwas verdienen. Diese Arbeit, der Aufbau der Abteilungen, die Prozesse, all das war ihr Baby!

Frauen wie Heike Escher begegnen mir häufig. Sie sind Anwälte, IT-Berater, Marketing-Spezialisten, Finanz-Experten, alle hochqualifiziert und ambitioniert. Die Arbeit ist ihr Leben und sie beweisen sich Tag für Tag in einer harten, männlich dominierten Geschäftswelt. Dass die Tage dabei vergehen, entgeht ihnen. Sie eifern einem männlichen Vorbild nach – mehr noch, sie sind besser als die Männer.

Sie hasten durch ihre Lebenszeit und merken nicht, dass, anders als bei Männern, ihre biologische Uhr tickt. Kinder kriegen kommt erst mal nicht in Frage. Schon eine Beziehung zu haben, erscheint schwierig. Die Energien sind ganz aufs Arbeiten beschränkt.

Die Einsicht, dass die Arbeit doch nicht alles ist, kommt spät für diese Frauen oder gar nicht. Werden irgendwann in den nächsten Jahrzehnten etliche erfolgreiche Single-Frauen an der Schwelle zur Pensionierung einfach sterben, weil ihnen der Lebensinhalt plötzlich fehlt? Karoshi, wie man in Japan den plötzlich einsetzenden Tod nach der Berufstätigkeit nennt, war bisher eher eine Männer-Domäne.

Im Fall von Heike Escher kam die Erkenntnis spät, aber nicht zu spät, um ihr Leben noch in andere Bahnen zu lenken. Nachdem die erste Wut abgeflaut war, stellte sich Ernüchterung ein. Gelohnt hatte sich der ganze Einsatz nicht, fand sie. Sie wollte eine Zwischenbilanz ziehen und sich „neu aufstellen" im Leben.

Zu meiner Verblüffung hatte meine Klientin schnell neue Energien für diese Aufgabe zur Verfügung. Die Beratung durchlief die bekannten Stadien der Schiffbruch-Bewältigung. Schon bei der ersten Sitzung, beim „Geschichte erzählen", gelang ihr der Perspektivwechsel, die nicht erfolgte Beförderung als „gar nicht so dramatisch" einzuordnen. Eigentlich, sagte sie, war ja gar nichts passiert. Sie hatte ihren Posten noch, es war eben „ein Kelch an ihr vorüber gegangen". Das musste nicht mal etwas mit ihr persönlich zu tun haben, das Gleiche war auch schon anderen im Unternehmen passiert. „So eine Firma ist halt keine Gerechtigkeits-Maschine", sagte sie.

In der nächsten Phase der Krisenbewältigung betrachtete sie ihre Situation von allen Seiten und meisterte gleich den nächsten Perspektivwechsel. Sie stellte fest, dass so ein Einschnitt ja auch etwas Gutes habe: „Endlich komme ich mal zum Nachdenken. Dazu hatte ich bei der Hektik überhaupt keine Gelegenheit mehr."

Je mehr sie dachte, desto wahrscheinlicher war ihr der Schluss, dass sie mit ihrer bisherigen Karriere hochzufrieden sein konnte. Eigentlich konnte sie es damit „gut sein lassen".

Und noch eine Erkenntnis drängte sich auf: dass sie ihr Privatleben in den letzten Jahren vollkommen vernachlässigt hatte. Sie hatte keins, mal abgesehen von ein paar Telefonkontakten zu Freundinnen und seltenen Ausflügen mit ihnen. „Ehrlich gesagt, hatte ich mich regelrecht eingegraben. Ich habe die Kontakte mit Kollegen für ausreichend gehalten. Aber das sind ja keine Freundschaften."

Aus der anfänglichen Wut war Akzeptanz geworden, gepaart mit Dankbarkeit. Heike Escher verzeichnete dankbar, dass sie die Chance hatte, in ihrem Leben etwas zu ändern. Sie verordnete sich selbst ein „Änderungsprogramm", das damit anfing, dass sie ihre Überstunden drosselte und teilweise sogar schon um fünf Uhr die Arbeit verließ: „Endlich mal nachmittags bummeln gehen – habe ich schon lange nicht mehr gemacht.“ Sie erneuerte ein paar alte Freundschaften und nahm ein altes Hobby wieder auf, den Formationstanz. „Ich komme wieder ganz anders unter Menschen“, sagte sie beim letzten Termin.

Heike Escher hat runtergeschaltet ohne Stellenwechsel, ohne Selbstständigkeit, ohne Teilzeit. Sie hat nach der Nicht- Beförderung ihren überhöhten Arbeitseinsatz auf ein normales Maß runtergefahren. Sie tat das ohne Groll und ohne „Frust“. Es gelang ihr, den ausgebliebenen Karriereschritt nicht als Niederlage zu verbuchen, sondern diesen Einschnitt als Chance und neue Aufgabe zu verstehen.

Endlich hatte sie die Möglichkeit, sich selbst als Menschen mit Bedürfnissen und Inhalten jenseits der Arbeit zu entdecken. – Neuland! Sie hatte ein Privatleben zu leben! Ihr wurde klar, dass sie so auch Perspektiven für eine Lebensphase nach dem Berufsleben antippen und entwickeln konnte.

Die Neuland-Entdeckung hatte wiederum Rückwirkungen auf ihre Arbeit – ihre Mitarbeiter spiegelten ihr zurück, dass sie viel ausgeglichener wirke. Die Arbeit war nicht mehr ganz so wichtig wie früher, ging aber, wie sie verwundert bemerkte, einfacher von der Hand. Sie konnte in kürzerer Zeit dasselbe schaffen wie früher an langen Abenden. Zu den unbekannten Territorien, die ihr die neue Gewichtung in ihrem Leben erschlossen, kam die Entdeckung der Gelassenheit. Es war ein großer Gewinn, der erst möglich wurde, nachdem sie das Erreichte wertschätze.

Piano, piano: Gelassener weitermachen

Das ist die einfachste aller Runterschalt-Lösungen, weil sie keine äußerliche Veränderung fordert, aber zugleich auch eine der schwierigsten: bleiben, wo man ist, aber die Einstellung dazu ändern.

Wenn wir manches gelassener sehen könnten – wäre das nicht die Lösung? Hätten wir dann nicht auch dem Stress das verdiente Schnippchen geschlagen?

Gelassenheit zu erreichen steht bei vielen Menschen auf dem Wunschzettel. Aber wie geht das? Buddhistische Mönche sind gelassen, unter anderem wohl, weil sie wenig besitzen und brauchen. Gelassenheit hat, wie Ironie, mit einem distanzierten Blick auf die Dinge zu tun. Wer gelassen sein will, braucht Abstand. Gelassenheit hat also auch mit etwas „lassen oder loslassen" zu tun. Auf jeden Fall mit der Entscheidung, bestimmten Angelegenheiten weniger leidenschaftlich zu begegnen, sie einfach „sein" zu lassen.

Der Gelassene hat Geduld – die Fähigkeit, sich selbst und anderen Zeit zu geben. Möglicherweise erwächst genau aus dieser Haltung ein Zugang zu Möglichkeiten, um die man früher gekämpft hat. Vielleicht bietet man Heike Escher demnächst eine Beförderung an?

Heike Escher hat Gelassenheit kennen und schätzen gelernt. Allerdings geschah das eher zufällig, als Nebenprodukt ihrer „Entdeckungsreise ins Privatleben".

Sie erlebt ihre Gelassenheit als „Freisein von Unruhe". Sie kann mit dieser Haltung innere und äußere Widersprüche aushalten und tolerieren. Gelassenheit ist für sie auch eine Offenheit für das Unvorhersehbare – also in ihrem Fall für jene kleinen und großen Debakel, die im Arbeitsalltag passieren können – selbst eine Umstrukturierung, die ihren Arbeitsplatz beträfe, käme ihr nicht mehr so bedrohlich vor: „Dann sollen sie mir eben ein Angebot machen. Ich habe mich immer weitergebildet, ich finde schon einen guten Job."

Das Vertrauen auf das eigene Können, das Ruhen in sich selbst, erlebt Heike Escher, nachdem sie vorher nur die Seite des Strebens und Kämpfens kannte, als Offenbarung.

Auf unnötigen Aktionismus verzichten, die Welt auf sich zukommen lassen, erscheint vielen als wünschenswert. Um den Wunsch Wirklichkeit werden zu lassen, ist es allerdings nötig, aus dem vorherigen Überagieren runterzuschalten und zu erkennen, dass der gegenwärtige Status viele Vorzüge birgt, die man mit der Brille des Aktionismus nicht gesehen hat.

Die Teilzeit-Variante

Wer runterschalten will, muss, wie wir gerade gesehen haben, nicht unbedingt den „Königsweg" der Selbstständigkeit beschreiten. Eine starke Kursänderung, wie sie der Übergang in die Selbstständigkeit darstellt, ist nicht immer die beste Lösung, denn sie fordert viel Zeit, Kraft und Aufwand. All das haben gerade Stress-Betroffene nicht zur Verfügung. Sie stehen mitunter so stark unter Strom, dass es ihnen nur noch gelingt, in den bekannten Bahnen zu funktionieren. Ihr Ziel muss also erst mal lauten, „runter" zu kommen von der Überlastung, bevor sie sich überhaupt erst den Inhalten des Runterschaltens widmen können.

Vor diesem Hintergrund ist eine Teilzeit-Lösung sinnvoll, auch wenn sie innerbetrieblich vielleicht nicht gern gesehen wird. Vom Gesetzgeber her sind die Möglichkeiten dafür da, also gilt es, sie zu nutzen, verstärkt nachzufragen und diesen Wunsch auch durchzusetzen.

Die richtige Lösung für mich?

Sie sollten sich darüber klarwerden, ob weniger Arbeit im gleichen Unternehmen für Sie eine gangbare und nützliche Lösung zum Runterschalten ist. Diese Klärung richtet sich auf mehrere Bereiche: Ihr Unternehmen, Ihren Arbeitsplatz und die Ziele, die Sie mit dem „Runterkommen" verfolgen. Betrachten wir Letzteres zuerst. Was könnte Ihnen eine Teilzeit-Lösung bringen?

- Eine Erholungsphase für Körper und Geist, ohne das vertraute Umfeld verlassen zu müssen

- Abstand von der „Perma-Steuerung“ durch Firmenziele
- Weniger Geld, aber mehr Zeit, für die Sie Verwendung haben:
  - Mehr Zeit zum Nachdenken, und zum Finden eines neuen Ziels
  - Mehr Zeit für sich/Familie/Freunde
  - Mehr Zeit, um eine Nebentätigkeit zu starten
  - Zeit für Ihre Weiterbildung

Angenommen, Ihr Unternehmen bietet Teilzeit-Modelle an, dann können Sie herausfinden, ob das für Sie in dem gebotenen Bezugsrahmen ein nützliches Angebot ist. Mit anderen Worten: Lohnt es sich für Sie, mit weniger Arbeitszeit im Unternehmen zu bleiben? Stellen Sie sich dazu folgende Fragen:

- Wie sicher ist Ihr Arbeitsplatz in diesem Unternehmen?
- Welche Auswirkung hat die Teilzeit auf Ihren Rentenanspruch?
- Welche Auswirkungen hat die Teilzeit auf Ihren Stand im Unternehmen und Ihre Entwicklungsmöglichkeiten?
- Welches Gehalt haben Sie zu erwarten? Durch die Steuerprogression sind die Einbußen beim Netto-Einkommen möglicherweise geringer als erwartet.
- Welche Alternativen gibt es für Sie, um runterzuschalten?
- Machen Sie Ihren Job gern, sind Sie gern in diesem Unternehmen? (Übung Nr. 13, siehe Seite 109)
- Lässt sich die Teilzeit für beide Seiten – Unternehmen und für Sie – gut organisieren?
- Sind Sie vorbereitet auf eventuelle Einwände von Seiten des Unternehmens?

Es gibt Unternehmen, die offen auf ihrem Firmenportal damit werben, Teilzeitmodelle anzubieten, und dies als zeitgemäße Komponente ihrer Corporate Identity verstehen. Das folgende Interview zeigt, dass eine solche Lösung durchaus praktikabel ist.

Interview: Ausstieg auf Raten mit offenem Ende

Im Gespräch mit Gerd Weirich (Name geändert), General Manager

Nach Abschluss seiner Lehre begann Gerd Weirich ein BWL-Studium und fing zugleich als Flugbegleiter bei der internationalen Airline XY an. Die Diplomarbeit schrieb er zum Thema Luftverkehr, anschließend stieg er Vollzeit bei XY ein. Er begann in Frankfurt im Deutschland-Vertrieb und war für Vertriebssysteme zuständig. Im Laufe der Jahre wurde diese Aufgabe immer mehr erweitert, bis seine Verantwortlichkeit schließlich 62 Länder umfasste, nämlich ganz Europa, Lateinamerika und die Karibik. Sein Arbeitsplatz und Wohnort war abwechselnd in London und in Berlin. In seiner letzten Position hatte er weltweit den Internetauftritt von XY zu vertreten. Nebenbei hat er sich noch in der Branche engagiert, unter anderem als Vorsitzender des Ausschusses für Vertriebssysteme der in Deutschland tätigen Airlines.

Herr Weirich, woran haben Sie bemerkt, dass es Zeit wird für eine berufliche Kursänderung in Ihrem Leben?

> Da kamen vier Impulse zugleich. Der eine war, dass ich immer mit dem Flugzeug unterwegs war und das Gefühl hatte, dass das Private auf der Strecke blieb. Das andere war so was wie eine Midlife-Crisis. Ich konnte mir das Gefühl zwar nicht erklären, merkte aber genau, dass ein Verschieben der Prioritäten ansteht. Hinzu kam, dass meine Mutter krank wurde und mir so auch die eigene Vergänglichkeit vor Augen gehalten wurde. Der vierte Impuls war, dass ich zum ersten Mal Stress-Symptome wahrgenommen habe. Die konnte ich anfangs gar nicht einordnen, da dachte ich, was ist denn jetzt mit mir los? Diese Signale galt es deutlicher zu erkennen. Dieser Prozess begann so etwa vor zwei Jahren und konkretisierte sich dann.

Wie lange hat die Kursänderung gedauert und welche Schritte waren bis zur Umsetzung notwendig?

Es hat etwa eineinhalb Jahre gedauert. Zunächst war es ein persönlicher Erkenntnisfindungsprozess. Also zu merken, irgendetwas verändert sich da. Der nächste wichtige Schritt war, dass ich mich ins Thema Downshifting eingelesen habe und im Fernsehen einen Bericht über Beratung dazu gesehen habe. Da beschloss ich, mich darüber zu informieren. Dazu muss der Druck bei mir schon relativ hoch sein. Ich habe mich dann auch informiert und konnte diese Impulse so weit einordnen, dass sich für mich eine Art Storyboard ergab. Und ich konnte dieses Gefühl auch mit einer Erklärung besetzen und erkennen, dass das ein normaler Prozess ist.

Als Nächstes kam die Frage, welche Optionen habe ich jetzt. Eine Übung war da sehr hilfreich. Ich habe überlegt, was bisher meine Prioritäten waren, welche davon noch Bestand hatten und welche neu hinzugekommen sind. Dann kam der Vergleich mit den Handlungsoptionen. Da sah ich auf einmal, dass die Option, die ich bisher am höchsten gehandelt hatte, nämlich „höher, schneller, weiter“, also der nächste Karriereschritt, die wenigsten eigenen Prioritäten bekam. Zu erkennen, dass die meisten Prioritäten bei den anderen Optionen erfüllt waren, das war für mich ein „Aha-Effekt“.

Wie haben Sie Ihr neues Ziel gefunden? War das ein langgehegter Wunsch?

Ich habe mich für einen Ausstieg auf Raten entschieden. Als die Umsetzungsphase dann bevor stand, merkte ich, wie ich kalte Füße bekam und wie dieses Prinzip, gut zu funktionieren, auch Suchtpotenzial hat. Dann schlug mir mein Arbeitgeber vor, die Übergangsphase auszudehnen. Da hat das Schicksal ein Stück weit die Regie übernommen. Jetzt arbeite ich Teilzeit, also erst mal für ein dreiviertel Jahr, mit der Option, das jeweils um ein halbes Jahr zu verlängern.

Wie sah die Unterstützung für Ihre Idee aus?

Ich habe mir Feedback bei Freunden geholt, gemischtes Feedback. Das Umfeld ist gegenüber einem solchen Gedankenprozess nicht immer sehr offen. Von meinem Partner bekam ich große Unterstützung, weil er einfach mitbekommen hat, dass ich die kleinen Dinge im Leben gar nicht mehr wahrnahm. Von den engen Freunden auch. Wobei die mich natürlich als einen sehr karriereorientierten Menschen wahrnahmen und auch ein bisschen ungläubig waren, ob ich das tatsächlich schaffe. Da war auch Skepsis im Spiel – allerdings mehr gegenüber dem Aussteigen als Ganzes als gegenüber dem Ausstieg auf Raten. Auf der Arbeit gab es aber auch viel Verständnis, weil die Kollegen wussten, dass ich das nicht besonders mag, zweimal die Woche zwischen Berlin und London hin und her zu pendeln. Und ich bekam eine sachlich-neutrale Unterstützung durch die Kollegen. Ich erhielt dadurch Gedankenanstöße, könnte aber dennoch meine eigenen Entscheidungen treffen.

Gab es eine finanzielle oder Motivations-Durststrecke?

Einmal, als eine Reorganisation anstand und ich die nächste Karrierestufe erreicht hätte, kam ich ins Schwanken.

Ich bekam sozusagen eine Karotte vorgesetzt und hätte nach dem alten Muster zuschnappen können. Aber ich habe nein gesagt. Den Job hat mein Chef jetzt. Jetzt unterstütze ich meinen Chef auf seinem Karriereweg und denke dabei, das hätte auch mein Weg sein können. Aber jeden Donnerstagnachmittag, wenn ich die Aufgaben für die Zeit bis kommenden Dienstag an meinen Stellvertreter delegiere, wird das sehr gut kompensiert.

Inwiefern haben Sie „runtergeschaltet“ – wovon mussten bzw. wollten Sie sich verabschieden? Und was an der neuen Tätigkeit ist ganz „Ihr Eigenes“?

Ich habe eine halbe Stelle und diese halbe Stelle fülle ich auch aus. Die Stelle ist mir total vertraut und ich stecke ganz in der „Comfort-Zone“.

Was mir daran gefällt, ist, dass ich immer noch intellektuell gefordert bin und mich mit Menschen umgebe, die auch Teil meines sozialen Gefüges sind. Eigentlich könnte ich jetzt sagen, das machst du jetzt bis zum Sankt Nimmerleinstag weiter. Aber das läuft natürlich nur für eine begrenzte Zeit, irgendwann ist Schluss. Was dann mein Plan ist, werde ich dann sehen. Ich möchte mich auf jeden Fall sozial engagieren, habe das aber jetzt erst mal hinten angestellt. Die Zeit, die ich jetzt gewonnen habe, möchte ich zunächst erst einmal für mich haben. Aber trotzdem engagiere ich mich insofern, als ich mir überlegt habe, dass ich ein Monatsgehalt für gute Zwecke spenden werde. Da bin ich zwar nicht im Kinderheim an der Essensausgabe, aber so kann ich ja viel mehr leisten, denn jetzt verdiene ich ja noch ein Managergehalt. Ich gönne mir jetzt den Luxus, den nächsten Schritt noch nicht zu wissen und zu warten, was kommen wird.

Wie wichtig waren finanzielle Erwägungen? Würden Sie sich als „sicherheitsbewussten" Menschen bezeichnen?

Sehr wichtig. Ich bin ein sehr sicherheitsbewusster Mensch und aus dem Job auszusteigen, das bedeutet schon ein enormes Risiko. Das vorher abzuklären und durchzurechnen war wichtig.

Wie fühlt sich Ihr neues Leben an, inwiefern unterscheidet es sich von Ihrem früheren Leben?

Ich habe mir das so organisiert, dass ich drei Tage die Woche arbeite, Dienstag, Mittwoch, Donnerstag. Da ich nur einen zweieinhalb Tages-Vertrag habe, habe ich zusätzlich alle fünf Wochen elf Tage am Stück frei. Am Anfang war es unwirklich. An meinem ersten freien Tag bin ich morgens zum Sportplatz zum Laufen gegangen, das war auch der erste schöne Frühlingstag, und ich spürte ein echtes Glücksgefühl! Ich habe mich so befreit gefühlt! Aber es war auch unwirklich. Jetzt ist es so, dass alle wissen, ich bin montags und freitags nicht da. Ich mache also donnerstags eine kleine Übergabe und bekomme am Dienstag danach eine entsprechende Übergabe zurück. Der betreffende Manager hat meine Telefonnummer, denn ich bin ja immer noch eine Führungskraft, und meine Kollegen können sich, wenn etwas ganz Schlimmes passiert, jederzeit bei mir melden. Ansonsten lasse ich meinen Kollegen machen. Damit ist delegieren und darauf vertrauen, dass die anderen es gut machen, ein ganz wichtiger Schritt beim Runterschalten. Das bedeutet auch loslassen. Loslassen von der Verantwortung, loslassen von dem Gedanken, du musst bei allem dabei sein. Ich muss den anderen bevollmächtigen und ihm auch erlauben, Fehler zu machen.

Für mich persönlich muss ich jetzt nicht mehr so viel durchplanen. Wenn ich mir zum Beispiel etwas vornehme, brauche ich kein schlechtes Gewissen zu haben, wenn ich es doch nicht mache. Ich kann mir sagen, das ist völlig okay. Ich muss nicht mehr innerliche Listen abarbeiten. Da ist also viel mehr Gelassenheit in meinem Leben.

Fehlt Ihnen etwas aus Ihrem früheren Leben: Status, Inhalte oder Herausforderungen?

Nein, überhaupt nicht. Im Gegenteil, ich sehe mit Interesse junge, aufstrebende Kollegen, die auch den Biss haben und denke – das brauche ich nicht mehr.

Sind Sie jetzt auch finanziell zufrieden?

Ja, vollkommen.

Wenn Sie jetzt zurückblicken, würden Sie bestimmte Dinge in Bezug auf die Kursänderung anders machen, wenn ja, welche?

Nein. Alles ist rundum wunderbar.

Inwieweit brauchten Sie zum Runterschalten Ihre eigene Steuerleistung? Konnten Sie unterwegs auch mal driften?

Ich denke, es war ein Wechsel zwischen beidem. Das Driften lerne ich jetzt immer besser. Ohne dass ich dabei denke, jetzt warst du nicht produktiv. Früher musste ich auch am Sonntag kleine Dinge erledigt haben, um zu sagen, dieser Tag ist ein gelungener Tag. Und jetzt ist es auch völlig okay, einen Tag mal nichts zu machen.

Was würden Sie anderen Menschen raten, die auch vorhaben, runterzuschalten?

Auf das eigene Leben zu schauen und auf das Gefühl zu hören und sich zu fragen, ob ich in diesem Leben die Akzente auf die Dinge setze, die mir wichtig sind. Ich würde auch raten, nichts zu überstürzen. Das Runterschalten ist ein Prozess. Man sollte nicht sagen, ich habe jetzt zu viel Stress, also ändere ich sofort etwas daran. Sondern es ist wichtig, temporären von längerfristigem Stress zu unterscheiden und zu erkennen, ob ein Gefühl entsteht, das nicht mehr weggeht und das zeigt, das sich etwas ändern muss. Und dabei gibt es die verschiedensten Formen. Ich war mir ja auch nicht sofort im Klaren, was für mich die Lösung ist. Aber genauso, wie man Karrierewege mitgestalten kann, kann man auch das Runterschalten und die eigene Vision davon gestalten.

Kurswechsel total: Ein ganz anderer Job

Die dritte Variante, die Sie haben, um runterzuschalten, ist angestellt zu bleiben, aber einen ganz neuen Job zu ergreifen.

Der Wunsch, in der Mitte des Lebens noch mal etwas ganz anderes zu machen, kommt häufig vor. Viele sind in ihrem Beruf erfolgreich, der Kontostand ist prima, aber die Sinnfrage wird immer lauter: „Soll es das wirklich beruflich gewesen sein? Will ich so weitermachen bis zur Rente?"

Von Institutionen und Berufsberatern wird eine solche Kehrtwendung ungern unterstützt – das Motto heißt: „Schuster, bleib bei deinen Leisten." Die Berufswahl soll aus dieser Sicht eine einmalige Investition sein – diese Auffassung ist allerdings längst von der Wirklichkeit überholt worden. Es gibt kaum mehr ein Berufsfeld, das als krisenfest oder sicher gelten kann – Lebensverhältnisse unterliegen einem permanenten Wandel. Schon allein deshalb sollte man in der Lage sein, auch in der Mitte des Lebens neue berufliche Wege zu finden. Allerdings: Auch die neue Berufswahl wird eine Investition sein – sie wird einiges an Zeit, meistens aber auch einiges an finanziellen Mitteln kosten.

In den USA, die ja ohnehin eine Kultur des Neuanfangs pflegen, ist die berufliche Umorientierung nach gewisser Zeit der Berufstätigkeit weit verbreitet. Dort hat man nicht eine, man hat mehrere Karrieren. Der Neustart wird dort auch als weniger bedrohlich empfunden als hier im Land der Risiko-Aversen, wo die Offenheit für solche neuen Wendungen im Leben geringer zu sein scheint.

Aber dennoch. Falls Sie einen Bekanntenkreis zwischen 40 und 50 haben, machen Sie doch mal eine kleine private Stichprobe – wahrscheinlich wird es Sie wundern, wie viele Ihrer Bekannten schon eine Zweitkarriere angefangen haben.

Ohne Zweifel ist so ein Berufswechsel eine große Herausforderung, gerade weil sich die „Zweitkarriere-Option" noch nicht so herum gesprochen hat. Zwei Fähigkeiten sind unabdingbar für diesen Prozess: die Fähigkeit zu lernen, also auch neues fachliches Wissen zu erwerben, und ein seelischer Entwicklungsprozess, an dessen Ende eine neue berufliche Identität steht. Die in diesem Buch angebotenen Reflexionen und Übungen geben Kernelemente dieser Entwicklung wieder, aber natürlich nicht den Prozess selbst. Was Sie hier an ein, zwei Abenden lesen können, dauert im richtigen Leben mindestens ein halbes Jahr, oft länger. Sie kennen ja bestimmt die Erzählung von dem Indianer, der nach der Fahrt mit dem Feuerross einfach neben den Gleisen sitzen bleibt und darauf wartet, dass seine Seele ankommt. Genauso wird es mit Ihrer Zielfindung und der Umsetzung sein.

Dabei ist grundsätzlich fast alles möglich – von der Weiterbildungsexpertin zur PR-Fachfrau, vom Architekten zum Reisejournalisten, vom Geschäftsführer zum Immobilienmakler.

Entscheidend ist nicht nur der Wille, den Kurswechsel zu machen, sondern auch, dass Sie gegenüber Ihrem neuen Arbeitgeber Ihren Kurswechsel überzeugend vertreten. Mehr noch, Sie sollten ihm einen mit ihrer Person verbundenen Zugewinn anbieten können. Im unten folgenden Fall war es die Tatsache, dass Jochen Hagel aus seiner vorherigen Tätigkeit schon gute Kontakte zu Arbeitgebern in der Region hatte. Diese Qualität war für die neue Aufgabe, Arbeit zu vermitteln, überaus nützlich.

Interview: Weg vom Produkt, hin zum Menschen

Im Gespräch mit Jochen Hagel (Name geändert), Fallmanager

Jochen Hagel, Jahrgang 1965, schloss an sein M.A.-Studium der Amerikanistik und Politikwissenschaften eine Ausbildung zum PR-Berater an und war zunächst im Marketing einiger Banken tätig, wo er schnell Personalverantwortung bekam. Es wechselte dann in den Bereich Automotive und setzte als Werbeleiter und Senior Berater Kommunikationskonzepte und Unternehmensstrategien auf europäischer Ebene um. Heute, nachdem er runtergeschaltet hat, ist er Arbeitsvermittler bei einer gemeinnützigen Gesellschaft für Arbeit im Rhein-Main-Gebiet.

Woran haben Sie bemerkt, dass es Zeit wird für eine berufliche Kursänderung?

> Je weiter ich kam, desto mehr stieg der Konkurrenzdruck – jüngere, also „kostengünstigere" Konkurrenten schoben sichtbar nach, und somit hatte ich auch mehr Leistungsdruck. Aber das war es nicht allein. Ich wurde auch älter und merkte, dass die Arbeit mit Produkten und angestrebten Umsatzsteigerungen nicht mehr meins ist. Da war es aus heutiger Sicht sehr hilfreich, dass der letzte Arbeitgeber rationalisierte, wovon viele Arbeitsplätze, auch meiner, betroffen waren. Ich wurde also auch von außen zu dieser Kursänderung veranlasst.

Wie lange ist diese Kursänderung jetzt her und wie lange hat die Umsetzung gedauert?

Die Umbruchphase dauerte ein Jahr, danach kam die aktive Suche nach einem adäquaten Arbeitsumfeld, das ein ausgewogenes Verhältnis von Arbeitsbelastung und Freizeit bietet. Ein wichtiger Faktor war auch, dass ich keine Reisetätigkeit mehr wollte.

Welche Schritte waren von der Idee bis zur Umsetzung notwendig?

Wichtig war für mich die Orientierungsphase im Herbst 2003, in der es zunächst auch darum ging, die Trennung vom bisherigen Arbeitgeber zu verarbeiten. Dann kam in der Beratung die Bestandsaufnahme, also Fragen wie „ Wer bin ich, Was mache ich, Was will ich in Zukunft machen? Was sind meine Stärken/Schwächen? Was ist mir besonders wichtig?“

Währenddessen bekam ich über einen früheren Kontakt ein Stellenangebot aus meiner angestammten Branche. Ich war skeptisch, aber ich nahm es an, aus heutiger Sicht viel zu schnell. Ich merkte bald, dass ich so meine neuen Ziele nicht umsetzen wollte. Ich stieg also endgültig aus der PR-und Marketingbranche aus.

Anfangs war ich enorm enttäuscht von der Erkenntnis, dass Leistung allein nicht ausreicht, um erfolgreich im Arbeitsprozess zu bestehen. Ich hatte wirklich das Gefühl, ich strample und strample und komme keinen Schritt vorwärts. Im Gegenteil, es kamen ja Signale, die sagten, es gibt andere, die sind 30 Prozent billiger und machen dasselbe wie du. Diese Austauschbarkeit, das war sehr ernüchternd. Das ging mit Kraftlosigkeit einher, die sich nicht nur seelisch, sondern auch körperlich äußerte

Ich hatte in dieser Zeit eine schwierige Operation, da kam alles zusammen. Aber als das überstanden war, kam auch wieder die Zuversicht, nach der intensiven Selbstklärungsphase neue Wege einzuschlagen. Ich war dann sehr motiviert, den neuen Weg zu gehen.

War das ein langgehegter Wunsch, oder gab es auch Anregungen von außen?

Es war eine Kombination aus beidem. Wichtig war die Erkenntnis, dass ich nicht mehr mit Produkten, sondern viel lieber direkt mit Menschen arbeiten möchte. Sicherlich bekam ich auch Bestätigung aus dem Freundes- und Bekanntenkreis, die mir sagten, du kannst gut mit Menschen umgehen, und von daher war es wohl ein langgehegter Wunsch, der aber schlummerte. Dabei hat auch das Coaching vieles befördert, das wurde mir dann bewusst.

Wie sah die Unterstützung für Ihre Idee aus?

Es war sehr wichtig, Unterstützung zu haben, und ich bekam sie aus dem Freundes- und Familienkreis. Das gibt einem die Sicherheit, auf dem richtigen Weg zu sein. Und außerdem hatte ich die Unterstützung eines professionellen Coachs. Das gab mir noch mal einen neutralen Blick auf die Dinge, von außen sozusagen. Das war auch enorm hilfreich.

Es gab aber auch einige sogenannte Freunde, die diese Idee mit Scheitern verbunden haben. Sie haben das auch sehr am Monetären festgemacht, was mich sehr gestört hat.

Das hat dazu geführt, dass diese Freundschaften und Bekanntschaften heute nicht mehr bestehen. Im Nachhinein betrachtet hat mir das auch viel innere Ruhe gegeben, denn damit muss ich mich nicht mehr belasten.

Umgekehrt ist es aber auch so, dass ich in dieser Phase neue Freunde gewonnen habe. Ein solcher Richtungswechsel bringt auch neue Möglichkeiten, mit Menschen in Kontakt zu kommen.

Gab es eine finanzielle oder Motivations-Durststrecke?

Finanziell musste ich Einbußen hinnehmen, die aber gut zu verkraften waren, weil ich aus den Zeiten zuvor ein Polster hatte.

Ich habe meinen Lebensstandard entsprechend angepasst. Demotivierend ausgewirkt hat sich der Umstand, dass ich glaubte, aus einem relativ abgesicherten Lebensumfeld herausgerissen zu werden. Es wurde mir auch schlagartig bewusst, was es bedeutet, ab einem bestimmten Alter „Korrekturen“ im Lebenslauf vorzunehmen. Diese Momente gab es hin und wieder, aber sie haben mich nicht in eine depressive Grundstimmung versetzt. Die Demotivation war in der kurzen Phase der Arbeitslosigkeit am größten.

Inwiefern haben Sie „runtergeschaltet“ – wovon mussten bzw. wollten Sie sich verabschieden? Und was an der neuen Tätigkeit ist ganz „Ihr Eigenes“?

Ich habe zunächst mal sondiert, was mir in Zukunft wichtig ist und worauf ich keinesfalls verzichten will. Ziel war es, meine beruflichen Zukunftsplanungen danach auszurichten und nicht umgekehrt, meine Lebensplanung nach meinem beruflichen Fortkommen. Ich habe mich zunächst von einigen Gedanken und Ideen verabschiedet, die mich bisher daran gehindert hatten, in neue Richtungen zu denken. Also ich habe mich von Ballast getrennt. Das hat mich überhaupt erst dazu befähigt, zu erkennen, was ich in Zukunft möchte. Das allein hat schon bewirkt, dass ich das Gefühl hatte, „runtergeschaltet“ zu haben. In meiner neuen Tätigkeit arbeite ich direkt mit Menschen. Ich schaue jetzt bewusster auf die Ausgewogenheit von Entwicklungsmöglichkeiten und achte darauf, dass sie im Einklang mit meinen persönlichen Zielen stehen.

Mein Eigenes daran ist, dass ich mein Leben bewusst steuere. Also dass ich mich auch immer wieder frage, was machst du gerade und passt das zu dem, was du willst.

Was haben Sie getan, um Hindernisse zu bewältigen?

Ich habe eine Einnahmen-Ausgabenrechnung aufgemacht, bin mir über die finanziellen Konsequenzen klar geworden und habe mit Familie, Freunden und Bekannten offen über die Themen gesprochen. Natürlich habe ich auch versucht, die positiven Merkmale herauszustellen (Freizeitgewinn, Lebensqualität versus Karriere/Burnout). Ich wusste ja auch durch die Operation, wie wichtig es ist, gesund zu sein. Was nützt mir der schönste Luxus, wenn ich ihn nicht genießen kann?

Welche Anreize hatten Sie für die Kursänderung, welche „Träume" und Visionen?

Entscheidend war es für mich, insbesondere mehr Zeit für mich, meine Partnerin, meine Hobbys zu haben. Ich wollte auf keinen Fall einen Burnout oder andere gesundheitliche Beeinträchtigungen riskieren. Nach meiner OP war klar, dass Gesundheit und Lebensqualität nicht durch Karrierestreben erreicht werden. Innere Ruhe, Ausgeglichenheit und selbstbestimmtes Leben waren starke Antriebskräfte. Und es war wichtig, das ohne schlechtes Gewissen umsetzen zu können! Früher hatte ich ja immer das Gefühl, meinen Job zu vernachlässigen. Aber jetzt nehme ich mir einfach die Zeit und gönne mir das Mountainbiking oder was auch immer, ohne schlechtes Gewissen.

Wie wichtig waren finanzielle Erwägungen? Würden Sie sich als „sicherheitsbewussten" Menschen bezeichnen?

Finanziell war entscheidend, dass ich meine Eigentumswohnung weiter halten kann, das ist unser Refugium. Sicherheit ist mir sehr wichtig. Und ich habe es sogar geschafft, als Altersvorsorge noch eine zweite Eigentumswohnung zu kaufen, obwohl mein Einkommen jetzt geringer ist. Es war schön für mich zu sehen, dass das auch unter den neuen Bedingungen möglich war, ohne dass es mich groß belastet.

Wie fühlt sich Ihr neues Leben an?

Ich bin weniger gestresst. Ich plane bewusst längere Erholungs- und Entspannungsphasen ein. Ich lehne mich bisweilen entspannt zurück, wo ich mich früher aufgeregt hätte. Ich bin nicht getrieben von anderen oder gar gehetzt.

Fehlt Ihnen etwas aus Ihrem früheren Leben:(Status, Inhalte oder Herausforderungen?

Mir fehlt nichts in dieser Richtung. Im Gegenteil, es haben sich beruflich neue Herausforderungen eingestellt, die ich aber gut bewältigen kann, zum Beispiel durch die Vertretung der Leitung hier im Hause. Persönliche Herausforderungen setze ich bewusst selbst. Inhaltlich und statusmäßig fühle ich mich gut aufgestellt. Und dabei habe ich noch mehr Zeit für mich und die Dinge, die mir wichtig sind.

Sind Sie jetzt auch finanziell zufrieden, hat sich Ihre neue Tätigkeit als zukunftstauglich bewährt?

Ja ich bin zufrieden. Ob sich die Tätigkeit als zukunftstauglich bewährt, werden die nächsten Monate zeigen. Die Chancen dazu stehen aber gut.

Wenn Sie jetzt zurückblicken, würden Sie bestimmte Dinge in Bezug auf die Kursänderung anders machen, und wenn ja, welche?

Nein! Der Umschwung ist gut gelungen. Ich habe einen anspruchsvollen Arbeitsplatz in unmittelbarer Wohnortnähe mit guten Rahmenbedingungen.

Inwieweit brauchten Sie zum Runterschalten Ihre eigene Steuerleistung? Konnten Sie unterwegs auch mal driften?

Meine eigene Steuerleistung bestand darin, dass ich erkannt habe, dass ich für diesen Kurswechsel eine professionelle Unterstützung durch einen erfahrenen Coach brauche. Früher hätte ich mir das vielleicht nicht eingestanden, denn ich sage sonst immer: „Das packe ich, das schaffe ich allein."

Natürlich gab es Momente, in denen ich gedriftet bin. Das gehört sicherlich dazu, wenn man neue Dinge ausprobiert und sich zu neuen Ufern aufmacht. Also nicht immer zu sagen, da ist das Ziel, da steuere ich hin, sondern durchaus auch mal Dinge in Frage zu stellen und sich Zeit dafür zu nehmen.

Was würden Sie anderen Menschen raten, die auch vorhaben, runterzuschalten?

Den einzigen Rat, den ich hier geben könnte, ist der, einfach mal über den eigenen Tellerrand zu schauen, mit oder ohne professionelle Begleitung. Jeder Weg ist umkehrbar und es ist nie zu spät für eine Richtungsänderung.

Runterschalten aus Sicht der Unternehmen

Wir haben gesehen, dass es viele Mythen und Meinungen über das Runterschalten gibt. Sie werden hauptsächlich aus zwei Quellen gespeist, die an der allgemeinen Meinungsbildung beteiligt sind: die Medien und unterschiedlichste Moden der US-amerikanischen Managementkultur, die uns über Berichte, Bestseller („Die Mäuse-Strategie für Manager") und „Instrumente der Personalpolitik" erreichen. Erstere liefern nicht enden wollende Geschichten über frühere Topmanager, die neuerdings zufrieden im Wald leben. Die Botschaft heißt, es geht von ganz oben nach ganz unten.

„Haben Sie nicht einen Ex-Manager, der jetzt Schäfer ist," fragte mich mal ein Journalist. Damit konnte ich nicht dienen – solche Extrembeispiele sind auch mir nur aus der Presse bekannt.

Die hier vertretenen Beispiele zeigen, dass die Realität anders aussieht. Alle, die runtergeschaltet haben, leben zwar ohne Urlaub auf den Seychellen, aber weit entfernt vom Existenzminimum.

Eine andere Annahme aus dem Reich der Sagen und Mythen ist, dass Menschen, die runterschalten, so etwas wie Blutsauger seien, die es sich „auf Kosten der Allgemeinheit" gut gehen lassen. Die Hinwendung zum „Selbst" wird gleichgesetzt mit einer Abwendung von der „Gemeinschaft". Mal abgesehen davon, dass wohl jede Gesellschaft die Parasiten hat, die sie braucht – die Tatsache, dass man deutlicher auf sich selbst achtet, hat noch lange nichts mit Egomanie zu tun.

Wir haben gesehen, dass Binsenweisheiten oder Mehrheitsmeinungen im Wege stehen, wenn man runterschalten will. Da geht es natürlich ganz besonders um die Kernbotschaft der Management-Rhetorik, die Anpassung fordert statt Individualität. Wer bin ich, was will ich und was kann ich sind die elementaren Fragen beim Runterschalten – was das Unternehmen will, ist aus dieser Perspektive unwichtig.

Aber auch da gilt: Ich kenne keinen einzigen Fall von parasitärem Verhalten in Folge des Runterschaltens. Auch die hier vertretenen Beispiele zeigen, dass alle Runterschalt-Kandidaten nach wie vor einen wertvollen gesellschaftlichen Beitrag leisten. Im Gegenteil: Ein Mensch, der mit sich im Lot ist, wird konstruktiver beitragen als jemand, der die innere Kündigung unterschrieben hat, „Frust schiebt", und möglicherweise vorgetäuscht oder wirklich krank wird.

Neue Trends in der Personalarbeit?

Die Frage ist allerdings, ob diese Auffassung in den Unternehmen und ihren Personalabteilungen geteilt wird und ob es dazu überhaupt Strategien und Konzepte gibt. Denn auch über Selbstverständnis und Aufgaben modernen Personalmanagements gibt es ungezählte Mythen und Vorstellungen.

Humanistische Auffassungen gehen davon aus, dass es eine Aufgabe der Personalarbeit sei, Menschen in Unternehmen zu fördern und zu entwickeln. Bei der Frage, wie diese Förderung aussieht, kommt allerdings durch die Hintertür wieder der Effizienzgedanke ins Spiel: Der Mitarbeiter soll dem Unternehmen nutzen – mit einer Steigerung seiner Leistung. Manche Wirtschaftspsychologen (G. Wiswede, 2000, S. 39) sprechen dem „Human-Ressourcen-Ansatz" von vornherein humanistische Absichten ab. Stattdessen ginge es dabei hauptsächlich um eine „pragmatisch-strategische Perspektive des Ausschöpfens, Ausnützens, greller: des Ausbeutens". Ein unfreundliches, ein marxistisches Wort, das seinen Benutzer zum unzeitgemäßen Feind jeglicher Profitorientierung abstempelt. Aber genau in diesem Spannungsfeld bewegt sich, inklusive aller Klischees und Vorurteile, die Diskussion ums Runterschalten:

Politisch aufgeladen, wird die eine Haltung zum potenziell gesellschaftszersetzenden Motiv, die andere zum Aushängeschild des Raub-Kapitalismus. Es würde wohl nicht schaden, diese polemische Aufheizung auch mal etwas runterzuschalten.

Ein neuer Trend in der Personalarbeit macht in letzter Zeit von sich reden: Diversity Management, in angloamerikanischen Firmen längst etabliert, in Deutschland noch weitgehend Neuland („Cultural Diversity Management in Deutschland hinkt hinterher," Studie der Bertelsmann Stiftung, 2007). Interessanterweise scheint dieser Ansatz dem bisherigen Vorgehen, Anpassung bis zur Selbstaufgabe zu fordern, zu widersprechen: Hier steht auf einmal die Unterschiedlichkeit des sogenannten Humankapitals im Mittelpunkt. Es geht um Verschiedenheit in fast jeder Hinsicht – Religion, Alter, Studienabschlüsse, sexuelle Orientierung, Mann-Frau-Rollen, Kultur. Diese Unterschiedlichkeit gelte es zu nutzen und als Stärke anzusehen, fordert der Ansatz. Und weiter heißt es in der Studie:

„In der Folge tauchen andere Qualifikationen, Lebensformen, Bedürfnisse, Werte und Erfahrungen auf. Diese heterogene Palette schlägt auf den Arbeitsmarkt durch und ist bei der Rekrutierung und im Einsatz von Arbeitskräften zu beachten."

Rufen die Firmenkultur-Macher da etwa nach Individuen, die auch anders denken und runterschalten wollen? Nach Menschen, die auf einer Dreiviertel-Stelle hundert Prozent leisten und pünktlich gehen? Die nicht bereit sind, einen Großteil ihrer Lebenszeit für Unternehmensziele zu „verkaufen"? Wer die Idee „Diversity Management" konsequent weiterdenkt, käme zu diesem Schluss.

Angeblich hat sich Diversity Management in den Unternehmen, die es praktizieren, inzwischen zum „betriebswirtschaftlichen Instrument" gemausert – es rechnet sich. Was sich rechnet, wird sich wohl auch verbreiten – auch wenn, wie viele vermuten, der rechnerische Nutzen nur in einer Image-Politur liegt.

Aber nicht nur „Diversity Management" könnte – theoretisch – ein Einfallstor für eine mehr am Individuum und seinen Bedürfnissen orientierte Unternehmenskultur werden. Ein Automobilbauer probiert jetzt schon aus, wie der Arbeitsplatz der Zukunft aussehen könnte. „Band 2017" heißt das Projekt, bei dem es um den Erhalt der Arbeitskraft älterer Mitarbeiter geht. Für sie bietet das Werk einen Raum für Gymnastik und Dehnungsübungen, einen Ruheraum und gedämpfte Böden an den Arbeitsplätzen. Gearbeitet wird am Band – es läuft schneller als die anderen, denn die Fehlerquote liegt wegen der Erfahrung der älteren Mitarbeiter bei null. Auch andere Hersteller und die Deutsche Bahn haben angeblich ähnliche Projekte ins Leben gerufen. Grund ist zwar nicht die Erkenntnis, dass es sich lohnt, schonender mit Mitarbeitern umzugehen – die ist eher ein Nebenprodukt. Es geht um die überalternde Gesellschaft, um das Nutzen der vorhandenen Potentiale. Aber dennoch: Wo früher das „Wegwerfprinzip" herrschte, weil der Nachschub sicher war, hat jetzt ein Umdenken zum Erhalt des Vorhandenen eingesetzt. Immerhin.

Unstrittig ist aber: In Unternehmen muss immer entschieden werden, welche Person auf welche Stelle in der Organisation gesetzt werden soll. Diese Aufgabe wird in Personalabteilungen erledigt und nicht oder nur teilweise von den Vorgesetzten, die mit den (neuen) Mitarbeitern zu tun haben. Wer also im Unternehmen bleiben will oder den Job wechseln will, um runterzuschalten, hat es mit Personalmanagern zu tun. Sie verkörpern das Unternehmen, sind sein Sprachrohr und seine Exekutive.

Mit der Frage, wie das Runterschalten aus Unternehmenssicht bewertet wird, sollte man sich also an die wenden, die über Einstellungen und Kündigungen zu entscheiden haben. Ich habe zehn Unternehmen bzw. Personalabteilungen im Rhein-Main-Gebiet angesprochen. Nur eines davon war, und nur in anonymisierter Form, zu einem Interview bereit.

Meine anderen beiden Interview-Partner haben einen eher externen Blickwinkel auf das Thema: einer als Interims-Personal-Manager, der viele Unternehmen von innen kennen lernt, der andere als „Headhunter“ an der Schnittstelle von Angebot und Nachfrage.

Eine einheitliche Sicht aufs Runterschalten vermitteln diese Interviews nicht. Aus keinem der Gespräche lässt sich eine Art Empfehlung für Strategien zum Runterschalten in Unternehmen ableiten. Sie werden sehen, meine Ansprechpartner sind sich nur in einem Punkt einig: Alle meinen, dass die Politik, immer mehr Arbeit auf immer weniger Schultern zu verteilen, nicht hilfreich ist, um den Stress in Unternehmen zu verringern. Allerdings wird auch deutlich, dass Vorsicht und Diplomatie in dem Maß zunehmen, in dem der Interviewpartner einem Unternehmen verpflichtet ist. Kein interner Personalmanager wird beispielsweise verlauten lassen, dass Teilzeitkräfte nicht die gleichen Karrierechancen hätten wie Vollzeit-Beschäftigte. Laut Gesetz stehen beiden die gleichen Chancen zu – nach der Praxis in den meisten Unternehmen allerdings nicht.

Das Thema ist komplex, es kommt auf das Unternehmen an, auf die einzelnen Ansprechpartner – und, wie Jens Seeberger betont, sicher auch darauf, wie der Einzelne sein Runterschalten „verkauft.“

Die gesellschaftliche Akzeptanz fürs Runterschalten fehlt

Im Gespräch mit Personalmanager Dr. Christoph Röhrs

Dr. Christoph Röhrs ist Interims-Manager und Unternehmensberater mit Schwerpunkt deutsches Personalwesen und angelsächsisches Human Resources Management. Er hat 20 Jahre Berufserfahrung, und ist in Großindustrie und Mittelstand entlang der gesamten Prozesskette von Einstellung bis Outplacement tätig. Als Interimsmanager im Personalwesen kennt er die Innenansichten etlicher deutscher und amerikanischer Unternehmen mit Sitz in Europa.

Herr Dr. Röhrs, was meinen Sie, wie stehen die Zeichen der Zeit – gibt es in einer Krise mehr oder weniger Menschen, die runterschalten wollen oder können?

Meiner Ansicht nach gibt es weniger Menschen, die im Angestelltenverhältnis runterschalten können, weil die Gefahr des Arbeitsplatzverlustes alles überlagert. Das gilt auch, weil das Thema Runterschalten meiner Einschätzung nach nicht für die gesamte Belegschaft eines Unternehmens prinzipiell in Frage kommt, sondern an sich nur für einen ausgewählten Kreis. Aber sicher hat die Rationalisierung, die eigentlich als Arbeitserleichterung gedacht war, einen zunehmenden Spiral-Effekt, den jeder Mensch mitträgt. Und dann kommt es vielleicht zu Burnout-Phänomenen und die Menschen sagen, es ist zu Ende mit dem Lebensstil, den ich bisher hatte, ich muss jetzt runterschalten.

Welche Erfahrungen haben Sie mit Angestellten gemacht, die runterschalten wollen?

Mir ist das nur individuell begegnet. Ein Beispiel: Bei einem – wie man heute sagt – Global Player gibt es extra ein Referat für „Burnout". Das kommt so nicht an die Öffentlichkeit, aber wenn Sie mit den Menschen sprechen, dann hören Sie, wir sind die Größten, Besten, Schönsten, und das bleiben wir, indem wir mehr leisten als die anderen. Ich glaube, dass es der Preis für die hohe Position am Weltmarkt ist, dass Burnout dort ein Thema ist.

Der Effizienzgedanke spielt dabei eine nicht unerhebliche Rolle. Ich habe ja häufig in angelsächsischen Unternehmen gearbeitet, alle davon in ihrer Art sicherlich Weltklasse. Die sind da sehr rigide in ihrer Firmenpolitik und das kollidiert mit unserem deutschen Verständnis. Der angelsächsische Ansatz ist völlig tayloristisch (siehe Seite 20), und da ist auch mitreden gar nicht gewünscht, jedenfalls nicht in den mittleren Hierarchien. Da kommt die Effizienz noch mal ganz anders ins Spiel, nämlich über die Austauschbarkeit. Das ist etwas anderes als der hier –

nicht überall – vorherrschende ganzheitliche Ansatz. Ein deutscher Facharbeiter, den es sonst in der Welt ja auch nicht gibt, hat eine Ausbildung hinter sich, durch die er viel weiß und kennt. So etwas gibt es in Amerika, Australien, Großbritannien, Indien nicht. Hierzulande würde man sich mit einem Facharbeiter zusammensetzen und sagen, da stimmt Ihre Leistung nicht, was ist denn da los? Und dann kann man da was machen. Beim Austausch-Prinzip gibt es nur zwei Warnungen, und dann war es das, und dann kommt der Nächste dran.

Welche der folgenden Modelle empfinden Sie aus der Unternehmensperspektive als am geeignetsten, um runterzuschalten?

- **Teilzeit**
- **Sabbatical**
- **Elternzeit für junge Väter**
- **Teleworking – Arbeit von Zuhause**
- **Andere Modelle, die Unternehmen anbieten können?**

Ich bin bei allen skeptisch. Das Sabbatical ist meiner Erfahrung nach ein Luxusinstrument, das nur in Führungskreisen genutzt wird. Denn das heißt ja, dass der Arbeitsplatz freigehalten wird. Und so eine Arbeitsplatzgarantie, das können sich nur sehr gut betuchte Unternehmen leisten.

Die Teilzeit ist nach meiner Erfahrung ein besseres Ausbeutungsmodell als die Vollzeit. Es sind ja hier überwiegend Mütter, die das machen, die 15 oder 20 Stunden arbeiten – die können immer 15 bis 25 Prozent draufhauen, das funktioniert. Es gibt Unternehmen, die das sogar personalplanerisch in der Kapazitätsplanung einsetzen. Die sagen: Da hole doch mal drei Mütter zurück, das bringt ja mehr, drei mal ein Drittel Teilzeit, als wenn wir einen Neuen einstellen. Aber das ist ja jetzt ein Missbrauchsmodell.

Viele Unternehmen halten Teilzeit für unpraktikabel. Sie sagen: „Wie stellen Sie sich das vor, das funktioniert doch nicht, soll die Übergabe dann jeden Tag um 12.30 Uhr stattfinden?" Das sind Killerargumente, die auch immer sehr emotional geprägt sind. Sie zeigen, dass es offensichtlich nicht gelingt, intelligente Arbeitszeitmodelle zu entwickeln. Natürlich ist die Arbeitswelt nicht überall teilzeitfähig, aber das sind wenige Bereiche. Mit anderen Worten, das sind Ausreden. Und es gibt in den Betrieben überall dasselbe Thema, nämlich, dass die Frauen sich untereinander sehr wohl organisieren könnten und sozusagen nächsten Mittwoch starten könnten. Aber die Hemmblöcke, die sind woanders! Sonst würde ich sagen, ist das Teilzeitprinzip das flexibelste, auch von der Gesetzgebung hier in Deutschland, für ein Runterschalten. Weil dabei alle Teilzeitmodelle, die nur denkbar sind, auch machbar sind. Die Begrenzung liegt beim Unternehmen.

Elternzeit für junge Väter hat den Vorteil für die, die es wahrnehmen, den Kündigungsschutz zu bieten. Allerdings ist die gesellschaftliche Akzeptanz da auch noch nicht überall da.

Ist Runterschalten aus Unternehmenssicht überhaupt wünschenswert?

Das hängt vom Menschenbild ab. Man kann sagen, dass der Mensch leistungsfähiger ist, wenn ihm die Arbeit Freude macht, und die Arbeit macht Freude, wenn es daneben auch noch andere Dinge gibt. Nach meinem Dafürhalten ist es nicht schwer, das in Unternehmen durchzusetzen, nur fehlt die Akzeptanz. Nur der ist anerkannt, der bis zum Herzinfarkt rödelt. Ich habe schon Begräbnisse von Managern zwischen 50 und 60 erlebt, aus großen Unternehmen, bei denen hunderte von Menschen dabeistehen, und man über die unmenschliche Arbeitswelt spricht. Aber man hätte das ja zum Anlass nehmen können, etwas zu ändern. Das passiert nicht.

Ich will damit sagen, dass ich persönlich das Runterschalten wünschenswert finde, und die Unternehmen haben alle Instrumente an der Hand, das Runterschalten für diejenigen zu ermöglichen, die das möchten, ohne dass es prinzipiell eine Leistungseinbuße gibt. Das behaupte ich jetzt mal. Aber es wird eben nicht gemacht

Angenommen, bei Ihnen bewirbt sich jemand mit eindeutig höherer Qualifikation auf einen Durchschnittsjob. Er gibt als Begründung an, dass er „runterschalten" will. Kann er diesen Job aus Ihrer Sicht bekommen oder gibt es Hinderungsgründe?

Natürlich weckt das einen Grundverdacht. Man wird den Bewerber vielleicht fragen, ob er das wirklich ernst meint. Man unterstellt, dass die Person wegen zu geringer Auslastung irgendwann nicht mehr dabei ist. Das ist aber eine Unterstellung aus Ignoranz. Ansonsten würde das ein Arbeitgeber mitmachen, obwohl es gesellschaftlich eher nicht erwünscht ist.

Ist das Runterschalten aus Ihrer Sicht ein „Karriereknick"?

Ja. Aber von einer Belegschaft ist ja sowieso nur ein Promillesatz überhaupt an Karriere interessiert. Für die gilt aber bestimmt, dass es ein Knick ist. Gesellschaftlich und innerbetrieblich ist das Runterschalten nicht erwünscht. Selbst leitende Angestellte könnten ja nach dem Teilzeit- und Befristungsgesetz Teilzeit machen, aber dazu kommt es nicht.

Sollte sich ein Bewerber dazu bekennen?

Das ist hochriskant, weil man nicht weiß, wer einem gegenüber sitzt. Ich habe dann das Problem, das meine Einstellung nicht gesellschaftsfähig ist. Ich stelle mich mit dieser Thematik bloß. Deswegen würde ich sagen, nein, lieber nicht.

Glauben Sie, dass Unternehmen von Menschen, die runterschalten, auch profitieren können?

Ja, das glaube ich, denn ich bin der wenig populären Ansicht, dass Betriebstreue und Loyalität Tugenden sind, die auch einen Leistungswert haben. Wenn ich also als Arbeitgeber meine Arbeitnehmer in ihren Wünschen mehr ausbalanciere, wird der normale Arbeitnehmer, der das nicht ausnutzt, das auch honorieren. Mir fällt dazu noch die Thematik Pflegezeitgesetz ein. Also ein Gesetz, das davon ausgeht, dass in den nächsten Jahren der Betreuungsaufwand für den ältesten Teil unserer Bevölkerung zunehmen wird. Da bin ich sofort wieder beim Thema „Runterschalten". Wenn mir der Arbeitgeber nun ermöglicht, Auszeiten für diesen Zweck zu nehmen, und ich kann am nächsten Tag beruhigt ins Büro oder in die Werkshalle kommen, weil ich weiß, mein Arbeitsplatz ist noch da, dann ist das letztlich leistungssteigernd.

Der andere Punkt sind die Frustration und Demotivation, die Fehlzeiten aufgrund von echter oder simulierter Krankheiten inklusive psychischer Probleme. Das ist alles andere als ideal und leistungsfördernd, wird aber in Kauf genommen.

Laut Weltgesundheitsorganisation ist Stress die Gesundheitsgefährdung Nr. 1 weltweit und auch ein enormer Kostenfaktor. Wird aus Ihrer Sicht in Unternehmen genug gegen Stress getan?

Nach meiner Erfahrung ist das nicht im Blickwinkel der Unternehmen, sondern nur der Krankenkassen. Da gibt es Präventivprogramme unterschiedlichster Art, im Bereich Ernährung, Ergonomie, und es gibt auch immer mal ein Angebot zum Thema Stress und Zeitmanagement und so weiter. Aber es kommt kaum vor, dass das Unternehmen der Impulsgeber ist.

Ist die Politik, immer mehr Arbeit auf immer weniger Schultern zu verteilen, in dieser Hinsicht hilfreich?

Nein.

In den letzten Jahren wurden durch Vereinheitlichung der Studienabschlüsse und internationalisierte Ansprüche in Firmen bestimmte modulartige Karriereverläufe gefördert und Normkarrieren nachgefragt. Neuerdings macht das Schlagwort „Diversity Management" die Runde – ist das aus Ihrer Sicht eine Gegenbewegung?

Das könnte natürlich ein Einfallstor werden, aber im Moment sehe ich das sehr stark unter der Überschrift, es ist schick, es ist Mode. Angelsächsische Unternehmen werben auf der Website oder ja gern mit Menschen unterschiedlichster Hautfarbe, aber in Deutschland kommt das kaum vor, ich meine dieser Marketingansatz – nicht dass ich meine, es gäbe in der betrieblichen Alltagswirklichkeit keine Diversity-Strukturen. Aber ob das darüber hinaus etwas bringt, da bin ich skeptisch. Denn das würde auch unterschiedliche Standpunkte darüber voraussetzen, was Leben ist und was Arbeit. Also von sich aus hätte Diversity Management wohl die Möglichkeit, das Runterschalten einzugliedern, aber ich glaube nicht, dass das irgendwo schon so integrativ gesehen wird.

Runterschalten ist kein Karriereknick

Im Gespräch mit Jens Seeberger, Managing Consultant HAPEKO Frankfurt

Jens Seeberger, Jahrgang 1974, studierte nach einer kaufmännischen Ausbildung Betriebswirtschaftslehre mit Schwerpunkt Banken und Sportökonomie. Nach seiner Tätigkeit bei einer Bank war er Moderator und Börsenreporter für die deutsch- und englischsprachigen Kanäle eines Finanz- und Wirtschaftsnachrichtenfernsehsenders.

Anschließend leitete er bei einem Medienanalysen-Unternehmen die nationale und internationale Unternehmenskommunikation. Er ist Fachautor zum Thema „Planung und Erfolgskontrolle im Sportsponsoring" und Dozent für Personalwirtschaft an der Dualen Hochschule Mannheim. Seit 2008 ist er Managing Consultant in der Frankfurter

Niederlassung des Hanseatischen Personalkontors. Er beobachtet, unter anderem in den Bereichen Vertrieb, Marketing, IT, Assistenz und Finance, genau, wie sich der Personalmarkt entwickelt, und unterstützt vor allem mittelständische Unternehmen bei der Suche nach Fach- und Führungskräften.

Herr Seeberger, man spricht in der Personalerbranche ja gern vom „Perfect fit", das der Headhunter zustande bringt. Ist das immer eine hundertprozentige Anpassung des Kandidaten an das Unternehmen oder ist es ein Kompromiss zwischen den Erwartungen beider Seiten?

> Perfect fit ist aus unserer Sicht der Kandidat, der den Anforderungen des Unternehmens zu hundert Prozent entspricht. Da geht es definitiv darum, inwieweit er das Anforderungsprofil abdeckt. Es geht also um die Passung des Kandidaten ins Unternehmen. Gerade im Mittelstand suchen viele Unternehmen oft die sogenannte eierlegende Wollmilchsau. Nur gibt es die kaum. Hier ist es wünschenswert, dass die Unternehmen sich stärker mit dem verfügbaren Angebot an Arbeitskräften auseinandersetzen und ihr Profil dementsprechend anpassen. Das zu kommunizieren ist auch unsere Aufgabe als Personalberater!

Welche Erfahrungen haben Sie mit dem Thema Runterschalten gemacht?

> Einer meiner Bewerber hat mir dazu seine Geschichte erzählt. Er habe selbst mal runtergeschaltet. Er hatte eine 60-Stunden-Wwoche, habe nebenher noch eine berufliche Weiterbildung gemacht und nachdem er alles abgeschlossen hatte, ist er regelrecht zusammengebrochen. Es war eine Burnout-Geschichte. In dieser Situation hat er beschlossen, runterschalten, und hat damals gekündigt. Dann hat er drei, vier Monate nichts gemacht und sich umorientiert. Und dann ging es wieder los mit neuem Elan. Aber das Runterschalten zu diesem Zeitpunkt war wichtig für ihn, obwohl es wirklich eine schwierige Geschichte war. So einfach den Job aufgeben, das ist nicht jedermanns Sache. Aber er hatte ein paar Rücklagen und bereut den Schritt nicht. Wenn

er wieder in dieser Situation wäre, würde er das wohl wieder ähnlich machen. Aber er hat jetzt ja auch wieder hochgeschaltet, ist somit also beweglich geblieben und voll belastbar.

Welche der folgenden Modelle empfinden Sie aus der Unternehmensperspektive als am geeignetsten, um runterzuschalten?

- **Teilzeit**
- **Sabbatical**
- **Elternzeit für junge Väter**
- **Teleworking – Arbeit von Zuhause**
- **Andere Modelle, die Unternehmen anbieten können?**

Ich glaube, da lässt sich kein Pauschalurteil fällen. Das hängt viel zu sehr von den individuellen Bedürfnissen des Betroffenen und von den Rahmenbedingungen ab: Wie ist die berufliche und finanzielle Situation, was hat derjenige vor, und so weiter. Und es geht natürlich immer um zwei Seiten – einmal den Bewerber und dann das Unternehmen. Die Frage ist immer, ob es das Unternehmen auch mitmacht? Ich kenne viele Unternehmen, die sagen, wir wollen das nicht, das passt nicht in unser Bild. Besonders in kleineren und mittelständischen Unternehmen ist das noch wenig angekommen. Im Gegensatz dazu gibt es aber auch große Konzerne, die auf ihrer Website mit ihrer Bereitschaft, zum Beispiel für Teilzeit, werben. Oder sie präsentieren sich in Stellenausschreibungen mit dem Stichwort „Work-Life-Balance“. Aber welches Modell nun vorzuziehen ist, lässt sich so nicht sagen – das hängt von der individuellen Situation ab.

Ist Runterschalten aus Unternehmenssicht überhaupt wünschenswert?

Das kommt darauf an und hängt von den Zielsetzungen des Unternehmens ab. Wenn das Unternehmen ein Interesse daran hat, seine Mitarbeiter langfristig zu halten, und weiß, dass der Arbeitnehmer nach einer Erholungsphase frisch und zuverlässig an seine Arbeit zurückkommt – warum nicht?

Angenommen, bei Ihnen bewirbt sich jemand mit eindeutig höherer Qualifikation auf einen Durchschnittsjob. Er gibt als Begründung an, dass er „runterschalten" will. Kann er diesen Job aus Ihrer Sicht bekommen oder gibt es Hinderungsgründe?

Wir wollen ja immer den passenden Bewerber für das Unternehmen finden. Er muss also den Anforderungen entsprechen. Und das ist natürlich schwer, wenn jemand sagt, er will runterschalten. Da stellen sich dem Unternehmen Fragen wie: Wird er mit der neuen Situation zufrieden zu stellen sein, ist er langfristig ans Unternehmen zu binden und so weiter. Und außerdem gibt es den klassischen nine to five Job in dem Segment, in dem wir uns bewegen, kaum mehr. So hat sich das eben entwickelt aufgrund des herrschenden ökonomischen Drucks. Also wenn derjenige in ein dynamisches Umfeld vermittelt werden soll, wo viel Flexibilität gefragt ist, wird das schwierig. Auch wenn jemand überqualifiziert ist, ist das gegenüber einem Unternehmen kaum zu vertreten.

Ist das Runterschalten aus Ihrer Sicht ein „Karriereknick"?

Nicht unbedingt – bei meinem angesprochenen Bewerber war es nicht so, und bei anderen ist es das bestimmt auch nicht notwendigerweise. Es kommt auch immer wieder aufs Verkaufen an. Wie verkauft man dieses Thema „Runterschalten"? Es muss kein Karriereknick sein, ist aber sicherlich noch in einigen Unternehmen ein Dorn im Auge. Hier besteht noch Bedarf an Aufklärungsarbeit!

Sollte sich ein Bewerber dazu bekennen?

Das kommt auf das Unternehmen und das Gegenüber an. Gesellschaftlich ist der Trend da, aber bei den Unternehmen ist er noch nicht unbedingt angekommen.

Glauben Sie, dass Unternehmen von Menschen, die runterschalten, auch profitieren können?

Klar, logisch. Ein Mensch, der runtergeschaltet hat, steht dem Unternehmen doch wieder voll belastbar und einsatzbereit zur Verfügung und geht mit neuem Elan an seine Arbeit. Außerdem kann er anderen Angestellten, die in ähnlicher Situation sind, möglicherweise Hilfestellung und Anregungen geben.

Laut Weltgesundheitsorganisation ist Stress die Gesundheitsgefährdung Nr. 1 weltweit und auch ein enormer Kostenfaktor. Wird aus Ihrer Sicht in Unternehmen genug gegen Stress getan?

Nein, das glaube ich nicht. Die Themen Umsatz, Gewinn, Ergebnis und so weiter bekommen immer mehr Bedeutung, und das wird auch in den nächsten Jahren so weitergehen. Das ist oft mit Druck verbunden, der sich in Stress niederschlägt.

Ist die Politik, immer mehr Arbeit auf immer weniger Schultern zu verteilen, in dieser Hinsicht hilfreich?

Nein. In den letzten Jahren wurden durch Vereinheitlichung der Studienabschlüsse und internationalisierte Ansprüche in Firmen bestimmte modulartige Karriereverläufe gefördert und Normkarrieren nachgefragt.

Neuerdings macht das Schlagwort „Diversity Management" die Runde – ist das aus Ihrer Sicht eine Gegenbewegung?

Naja. Das ist schwierig – man kann nicht einfach sagen, jeder darf so sein, wie er ist, und kann gut beitragen. Es gibt in Unternehmen eben auch gewisse Regeln, an die sich der Einzelne halten muss. Insofern ist es gut möglich, dass dieser Trend eher an der Oberfläche bleibt.

Gesunde und produktive Mitarbeiter brauchen wir!

Im Gespräch mit Martina Nowak (Name geändert), Personalmanagerin im Unternehmen

Martina Nowak ist Personalmanagerin in einem großen Software-Unternehmen in Südhessen. Sie hat die Interview-Fragen in ihrem Team besprochen und antwortet aus Sicht von HR-Managern in Unternehmen.

Was meinen Sie, wie stehen die Zeichen der Zeit – gibt es in einer Krise mehr oder weniger Menschen, die runterschalten wollen oder können?

> Ich nehme an, dass viele Menschen nach wie vor runterschalten wollen, weil die Arbeit für den Einzelnen immer mehr wird. Aber ob sie auch runterschalten können, das ist die Frage. Einerseits werden viele Angst um den Arbeitsplatz haben, und viele werden dann bei einem krisengeschüttelten Unternehmen auch mehr arbeiten, um wieder aus der Krise zu kommen.

Welche Erfahrungen haben Sie gemacht mit Angestellten, die runterschalten wollen?

> Das ist ganz unterschiedlich. Manche möchten die Stelle oder das Team wechseln, andere möchten die Arbeitszeit reduzieren. Es ist dann im Einzelfall zu klären, wie und ob das umgesetzt werden kann.

Welche der folgenden Modelle empfinden Sie aus der Unternehmensperspektive als am geeignetsten, um runterzuschalten?

- **Teilzeit**
- **Sabbatical**
- **Elternzeit für junge Väter**
- **Teleworking – Arbeit von Zuhause**
- **Andere Modelle, die Unternehmen anbieten können?**

Teilzeit ist nicht unbedingt ein Modell, das auch mit weniger Stress oder mit weniger Arbeit einhergeht. Das Sabbatical ist eine gute Möglichkeit zum Runterschalten, aber das kommt kaum vor. Elternzeit für junge Väter wird immer stärker nachgefragt, und bei Telearbeit gibt es bekanntermaßen Vor- und Nachteile. Auch gemeinsame Sportangebote im Unternehmen können eine gute Möglichkeit zum Runterschalten sein.

Ist Runterschalten aus Unternehmenssicht überhaupt wünschenswert?

Grundsätzlich ist es aus Unternehmenssicht wünschenswert, dass die Mitarbeiter gesund und produktiv sind. Wenn dies auch durch Runterschalten erreicht wird, ist es durchaus wünschenswert.

Angenommen, bei Ihnen bewirbt sich jemand mit eindeutig höherer Qualifikation auf einen Durchschnittsjob. Er gibt als Begründung an, dass er „runterschalten" will. Kann er diesen Job aus Ihrer Sicht bekommen oder gibt es Hinderungsgründe?

Es kommt darauf an. Wenn ein Kandidat überzeugend begründen kann, warum er runterschalten möchte, dann ist das durchaus möglich. Es ist schwierig, eine pauschale Antwort zu geben, denn das hängt immer davon ab, was im Unternehmen gerade gebraucht wird und wie der Bewerber sonst zu dem Stellenprofil passt.

Ist das Runterschalten aus Ihrer Sicht ein Karriereknick?

Ich sehe das Bekenntnis zu einer Auszeit oder zum Runterschalten als Zeichen der Stärke und Selbstreflexion eines Mitarbeiters. In dieser Zeit sind weitere Karriereschritte eher eingeschränkt, aber nicht unmöglich.

Sollte sich ein Bewerber dazu bekennen?

Ein Bewerber sollte sich schon dazu bekennen, denn das Unternehmen muss ja wissen, mit welchem Arbeitseinsatz es von Seiten des Kandidaten rechnen kann.

Glauben Sie, dass Unternehmen von Menschen, die runterschalten, auch profitieren können?

Ja, durchaus, weil diese Menschen dann motivierter und zufriedener sind und in der Regel auch effizienter arbeiten.

Laut Weltgesundheitsorganisation ist Stress die Gesundheitsgefährdung Nr. 1 weltweit und auch ein enormer Kostenfaktor. Wird aus Ihrer Sicht in Unternehmen genug gegen Stress getan?

Bezogen auf die Mehrheit der Unternehmen, nein. Wir haben in unserem Haus ein Arbeitszeitmodell mit vier unterschiedlichen Modulen. Durch das Gleitzeit- und Langzeitkonto sowie das Zeitwertpapier sind zum Beispiel ein Sabbatical oder bezahlte Teilzeitarbeit möglich oder man kann früher aufhören zu arbeiten. Wir haben auch ein Gesundheitsmanagement, wo man lernt, Stress abzubauen, und ein großes Sportangebot. Aber im Allgemeinen ist das wohl anders.

Ist die Politik, immer mehr Arbeit auf immer weniger Schultern zu verteilen, in dieser Hinsicht hilfreich?

Nein.

In den letzten Jahren wurden durch Vereinheitlichung der Studienabschlüsse und internationalisierte Ansprüche in Firmen bestimmte modulartige Karriereverläufe gefördert und Normkarrieren nachgefragt. Neuerdings macht das Schlagwort „Diversity Management" die Runde – ist das aus Ihrer Sicht eine Gegenbewegung?

In Bezug auf die Karriereverläufe sehe ich da keine Gegenbewegung. Selbst wenn es viele ähnliche Verläufe gibt, ist doch immer noch eine Vielfalt gegeben durch Herkunft und Geschlecht und so weiter. Den Begriff „Diversity Management" sehen viele Personalfachleute eher als Marketing-Trick, ein bisschen auch als Mode.

Ausblick: Runterschalten!

Zum Abschluss dieses Buches sind Sie zu anderen Lebensläufen und zu anderen Meinungen gedriftet. Sie haben Eindrücke davon gewonnen, wie es ist, wenn man den Prozess des Runterschaltens hinter sich hat. Wenn man angekommen ist in dem neuen, selbstbestimmteren Leben oder einem ersten Abschnitt davon. Sie haben gelesen, wie dieser Prozess, so weit es sie betrifft, von Seiten einiger Personalmanager gesehen wird.

Gibt es dabei etwas, das besonders in Ihrem Gedächtnis haften geblieben ist? Irgendeinen Satz, eine oder zwei Feststellungen, die Sie beeindruckt haben? Die Magie dieser Sätze in Ihrem Gedächtnis können Sie nutzen: Sie kann die Anziehungskraft des Runterschaltens für Ihr Leben verstärken, wenn Sie versuchen, sie auf Ihr Leben zu übertragen. Bestimmt hatten auch Ihre eigenen Überlegungen zum Thema Runterschalten einen ähnlichen Effekt: neue Erkenntnisse über Sie selbst, Anregungen und Impulse, deren Zauber Sie bewahren wollen.

Malen Sie sich aus, wie diese magischen Inhalte in Ihrem Leben greifen. Stellen Sie sich immer wieder vor, wie Ihr Leben aussehen könnte, wenn Sie da sind, wo Ihre Ideen Sie hintragen und wo die Menschen in diesem Buch jetzt schon sind: in einem Leben, das mehr ihnen als anderen gehört.

Steuern wir also noch mal zurück zu Ihnen. Momentan haben Sie das Runterschalten noch vor sich. Sie haben die Übungen und Reflexionen in diesem Buch gemacht, Sie haben auch die Erfahrungsberichte anderer und Meinungen dazu kennen gelernt. Haben Sie das Gefühl, vor einem „riesigen Berg" zu stehen, wenn es jetzt darum geht, diese Erkenntnisse in Ihrem Leben umzusetzen?

Es gibt jetzt drei Möglichkeiten für Sie:

Erstens: Sie „verschieben" die Option, jetzt den Anker zu lichten und eine Kursänderung in Ihrem Leben einzuleiten, auf unbestimmte Zeit. Okay, niemand drängt Sie. Manche Menschen brauchen ein halbes Jahr für die Umsetzung, andere brauchen drei Jahre oder mehr. So ein Vorhaben muss reifen dürfen, und in manchen Fällen reift es auch nie. Dann ist der Magnetismus des Lebens, das Sie jetzt führen, ganz einfach größer. Dann wird Ihr Leben so, wie es jetzt ist, in Ordnung sein, und das können Sie dann auch, falls Ihnen keine Zweifel mehr kommen, dankbar verbuchen.

Zweitens: Sie überprüfen noch einmal alles, was Sie jetzt in Ihrem Reiseproviant haben, und fragen sich, ob Ihnen vielleicht noch bestimmte Informationen, Mittel, Fertigkeiten oder Unterstützer fehlen, und setzen sich ein Zeitziel, zu dem Sie startklar sein wollen.

Das ist die Ausdauer-Variante. Da gilt es für Ihren Steuermann, das Endziel – auch mit Unterstützung der magischen Sätze oben – immer vor Augen zu behalten. Dabei zu bleiben wie ein Marathon-Läufer, Ihren Energiehaushalt zu steuern und nicht aus der Puste zu kommen. Sie werden dann gut vorbereitet dem Moment entgegengehen, an dem sich Ihr Leben in die gewünschte Richtung ändert.

Dieser Moment wird ein Feuerwerk in Ihrem Leben sein – einer der besten und befreiendsten, den Sie erleben.

Oder die dritte Variante: Die Zeit für den Kurswechsel ist gekommen. Sie können die aus diesem Buch gewonnenen Erkenntnisse sofort oder in Kürze anwenden. Ich wünsche Ihnen dafür gutes Gelingen!

Natürlich unterstütze ich Sie auch gern beim Runterschalten oder bei Ihrer beruflichen Neuorientierung. Zudem interessieren mich Ihre Erfahrungen und Rückmeldungen zu diesem Buch. Hier erreichen Sie mich:

Dr. Wiebke Sponagel

PERSPECTIVE COACHING

Ginnheimer Hohl 38

60431 Frankfurt/Main

Internet: www. perspective-coaching.de

Email: info@perspective-coaching.de

Danke!

- Meinen Klienten für ihre Bereitschaft, ihre Erfahrungen mit dem Runterschalten hier weiter zu geben.
- Allen Interviewpartnern für ihre Zeit.
- Meinem Mann Michael Hinz fürs Mitdenken, Mitdriften und Feiern eines jeden geschafften Kapitels.
- Meiner Webdesignerin Ulrike Stehling für wertvolle und motivierende Anregungen als kritische Erstleserin.
- Meinen Lektorinnen Caroline Colsman und Dr. Leyla Sedghi für die unterstützende Zusammenarbeit.

Übersicht der Übungen

Nützliche Internetadressen

www.berufenet.arbeitsagentur.de/berufe/index.jsp
Beschreibungen zu rund 3800 Berufen und Kontaktadressen

www.sueddeutsche.de/jobkarriere
Kostenlose Informationen zu den Gehältern einzelner Berufe

www.jobturbo.de
Meta-Suchmaschine für Stellen

www.existenzgruender.de
Informationen des Bundesministeriums für Wirtschaft und Technologie

www.systemiker.com
Homepage des Zentrums für systemische Forschung und Beratung

www.pwgester.de
Homepage von Peter W. Gester, Ausbildungscoach

www.karrierefuehrer.de
Karriereführer für viele Bereiche, online zu bestellen

www.freie-berufe.de
Homepage des Bundesverbands der freien Berufe

www.nexxt-change.de
Generationenwechsel-Portal, Unternehmensnachfolge

www.forum-schuldnerberatung.de
Tipps zur Prävention, auch für Selbstständige, Diskussionsforum

www.crosswater-systems.com
Übersicht über Zielgruppen-Jobbörsen

www.mein-geschaeftserfolg.de/

Ideen und Konzepte für Geschäftsgründungen

www.perspective-coaching.de
Homepage der Autorin

Literatur/Quellen

Crisand/Crisand:
Psychologie der Gesprächsführung.
I.H.Sauer-Verlag, 2000

Draaisma, Douwe:
Warum das Leben schneller vergeht, wenn man älter wird.
Eichborn, 2004

Fisseni, Hermann-Josef /Fennekels, Georg P.:
Das Assessment Center. Eine Einführung für Praktiker.
Verlag für Angewandte Psychologie, 1995

Friedel-Howe, Heidrun:
Untersuchungen über Stereotypen von männlich geprägter Führungskraft.
Neubauer, 1990

Geißler, Karlheinz A.:
Zeit – verweile doch... Lebensformen gegen die Hast.
Herder, 2000

Gester, Peter W.:
Matrix-Coaching. CD-Rom. Erhältlich unter matrix-coaching.de

Gigerenzer, Gerd :
Bauchentscheidungen. Die Intelligenz des Unbewussten und die Macht der Intuition.
C. Bertelsmann, 2007

Glißmann, Winfried:
Das Paradoxon „Arbeiten ohne Ende“ begreifen.
Arbeitsrecht im Betrieb, 4/2003

Levine, Robert:
A Geography of Time.
Basic Books, 1997

Mintzberg, Henry:
Manager statt MBAs.
Campus, 2007

Moeller, Michael Lukas:
Wie die Liebe anfängt.
Rowohlt 2002

Russel-Hochschild, Arlie:
Keine Zeit.
VS Verlag für Sozialwissenschaften, 2006

Schwartz, B., A./Ward, J./Monterosso, S./Lyubomirsky/K. White/ D.R. Lehman:
Maximising versus satisficing: Happiness is a matter of choice.
Journal of Personality and Social Psychology 83 (2002) S. 1178-1197

Stapf, K. H.:
Innere Kündigung.
München 2005

sueddeutsche.de/computer/artikel/899/76823/

The Gallup Organization Deutschland:
Engagement-Index 2005/
Pressemitteilung, S. 5

Wiswede, Günter:
Einführung in die Wirtschaftspsychologie
UTB, 2000

Die Autorin

Dr. Wiebke Sponagel ist seit 2000 als Coach und Karriereberaterin mit ihrer Beratungspraxis „Perspective Coaching" in Frankfurt tätig. Zuvor war sie lange als Trainerin für ein Weiterbildungsinstitut tätig. Zum Thema „Downshifting" ist sie eine in den Medien gefragte Expertin für Interviews und Gesprächsrunden.

Aufgeben gilt nicht

Rückschläge und Krisen machen vor niemandem halt. Doch entscheidend ist, wie Sie mit ihnen umgehen. Hier erfahren Sie, wie Sie widrigen Umständen trotzen und aus Rückschlägen Erfolge machen. Mit vielen Best-Practice-Beispielen aus Wirtschaft und Sport.

€ 19,80 [D]
ca. 224 Seiten
ISBN 978-3-648-00298-8
Bestell-Nr. E00284

Jetzt bestellen!
www.haufe.de/bestellung oder in Ihrer Buchhandlung

Tel. 0180-50 50 440; 0,14 €/Min. aus dem deutschen Festnetz;
max. 0,42 €/Min. mobil. Ein Service von dtms.

HAUFE.